印象珠城系列丛书

珠联玉映

传承红色基因

邬旭东　张　斌◎主　编
卓家武　余建杰◎副主编

安徽师范大学出版社
ANHUI NORMAL UNIVERSITY PRESS
·芜湖·

图书在版编目(CIP)数据

珠联玉映　传承红色基因 / 邬旭东,张斌主编. —芜湖:安徽师范大学出版社,2024.1
(印象珠城系列丛书)
ISBN 978-7-5676-6288-9

Ⅰ. ①珠… Ⅱ. ①邬… ②张… Ⅲ. ①思想政治教育—高等学校—教材 Ⅳ. ①G641

中国国家版本馆CIP数据核字(2023)第247075号

珠联玉映　传承红色基因　　邬旭东　张　斌◎主编
ZHULIAN-YUYING CHUANCHENG HONGSE JIYIN

责任编辑:刘　翠　　责任校对:阎　娟
装帧设计:张　玲　冯君君　　责任印制:桑国磊
出版发行:安徽师范大学出版社
芜湖市北京中路2号安徽师范大学赭山校区　　邮政编码:241000
网　　址:http://www.ahnupress.com/
发 行 部:0553-3883578　5910327　5910310(传真)
印　　刷:苏州市古得堡数码印刷有限公司
版　　次:2024年1月第1版
印　　次:2024年1月第1次印刷
规　　格:700 mm×1000 mm　1/16
印　　张:7.75　　插页:1
字　　数:117千字
书　　号:ISBN 978-7-5676-6288-9
定　　价:36.00元

印象珠城系列丛书编委会

总　序

党的十八大以来，思政课作为立德树人关键课程的地位和作用日益凸显，思政课守正创新进入新发展阶段。2019 年 3 月 18 日，习近平总书记主持召开学校思想政治理论课教师座谈会并发表重要讲话，强调思政课作用不可替代，思政课教师队伍责任重大。习近平总书记还指出，在大中小学循序渐进、螺旋上升地开设思政课非常必要，是培养一代又一代社会主义建设者和接班人的重要保障。2021 年 3 月 6 日，习近平总书记在看望参加全国政协会议的医药卫生界、教育界委员时指出："'大思政课'我们要善用之，一定要跟现实结合起来。"2022 年 4 月 25 日，习近平总书记考察中国人民大学，强调指出思政课的本质是讲道理，要注重方式方法，把道理讲深、讲透、讲活。党的二十大报告指出要"推进大中小学思想政治教育一体化建设"。2023 年 5 月 29 日，中共中央政治局就建设教育强国进行第五次集体学习，习近平总书记再次强调，培养什么人、怎样培养人、为谁培养人是教育的根本问题，也是建设教育强国的核心课题。他指出要坚持改革创新，推进大中小学思想政治教育一体化建设，提高思政课的针对性和吸引力。习近平总书记关于思政课建设的重要论述以及重要指示批示精神为思政课守正创新提供了根本遵循。

安徽财经大学在安徽省委教育工委、省教育厅支持指导下，坚持不懈用习近平新时代中国特色社会主义思想铸魂育人，贴近实际、贴近生活、贴近学生，加快构建"大思政"工作格局，先后参与推动蚌埠市联合马克思主义学院成立与建设，建立安徽省学校思政课教师研学基地，牵头成功申报教育部大中小学思政课一体化共同体，持续深化思政课教·习·学综合改革与创新，把思政小课堂同社会大课堂结合起来，取得了显著成效。一是坚持统筹带动与示范引领结合，强化工作主动。与蚌埠市委宣传部共建安徽省学校思政课教师研学基地，与蚌埠市委教育工委共建蚌埠市大中小学思政课一体化建设研究院，不断推动马克思主义学院内涵建设。二是坚持系统协同与平台联动结合，强化保障支撑。与金寨县、固镇县、凤阳县、怀远县、绩溪县、泾县等地加强联动，聚焦高校、地方、中小学校思想政治教育一体化，推进协同育人，与中小学校、特色场馆共建30余家协同创新中心。三是坚持师资队伍建设与实践基地建设结合，强化“大思政课”特质。成立大中小学思政课教师教学创新联合体，构建“大思政课”师资库，与安徽金寨干部学院、大包干纪念馆等单位共建实践教学基地，推动校地师资合作，开发30余门实践课程，建设“大思政课”数字资源库。四是坚持深入研究与广泛实践结合，强化地域特色。深化理论探究，围绕大禹精神、红色文化、道德模范、非物质文化遗产等“大思政课”主题积累了丰富的研究成果。理实互动，组织开展思政课“家”“国”主题实践系列活动，促进“大思政课”有效赋能人才培养。同时面向全国，与北京、上海、江西、江苏、内蒙古、新疆等地相关单位密切协作，携手推动“大思政课”建设。

蚌埠市域丰富的实践育人资源为深化开展“大思政课”建设提供了契机。作为淮河文化发祥地之一，距今7300年前双墩文化遗址出土的刻画符号，被确认为中国文字的重要起源之一；治水英雄大禹在此劈山导淮、召会诸侯；流传至今的汉民族最具代表性的民间舞蹈——花鼓灯，被周恩来总理誉为“东方芭蕾”，列为国家第一批非物质文化遗产；拉开了中国农村改革的序幕，孕育了“敢闯、敢试、敢为人先”的“大包干精神”，被誉为中国农村改革第一村的小岗村；等等。悠久的岁月为这座城市积淀了深厚的底蕴，而历史的风云则在此掀起了更具时代特征的红色文化浪潮。基于良好的前期工作基础，我们着手谋划编写系列丛书，力图通过深度挖掘和总结这些资源，为“大思政课”育人提供“珠城”的特色版本，为传承红色基因提供蚌埠读本，为全省各地深化开展“大思政课”实践教学基地建设以及推进大中小学思政课一体化提供可资借鉴的经验和模式。

本丛书分不同主题，计划三年内出版《珠光闪烁 传承大禹精神》《珠联玉映 传承红色基因》《珠玉在傍 感受榜样力量》《孕沙成珠 品味非遗魅力》《珠城之韵 体验文化之旅》等。丛书既是安徽省学校思政课教师研学基地建设的重要内容，也是教育部大中小学思政课一体化共同体建设的阶段性成果，同时得到安徽财经大学重大教改项目的支持，既可以作为思政课教师备课、培训的读本，也可以作为大中小学学生校本教材使用，同时也为各界人士了解蚌埠，感受淮河流域特色文化提供了参考。

丛书的编写能够顺利开展，得到了安徽财经大学虞宝桃书记和朱红军校长等领导的关心指导，得到了蚌埠市相关部门的大力支持，在驻蚌各高校马克思主义学院通力合作下，成立编写委员会，制订编写计划，推动相关工作。还要特别指出的是，安徽师范大学出版社对本丛书高度重视，在立项指导、编辑出版等方面给予了大力支持，在此一并表示感谢。当然，印象珠城系列丛书（“大思政课”）是我们边探索边推进的成果，涉及大量的素材，牵涉相当的人力，各书主编及其团队成员虽用心用力，但也很难全面反映“珠城”蚌埠乃至淮河流域应有的精神内涵和文化气质，不足之处在所难免，拜请各界人士赐教并批评指正。

是为序。

2023 年 12 月

序

红色文化是起源于革命战争年代，由中国共产党人和人民群众共同创造并极具中国特色的先进文化，蕴含着丰富的革命精神和厚重的历史文化内涵。习近平总书记指出，共和国是红色的，不能淡化这个颜色①。红色资源是我们党艰辛而辉煌奋斗历程的见证，是最宝贵的精神财富。红色血脉是中国共产党政治本色的集中体现，是新时代中国共产党人的精神力量源泉。要用心用情用力保护好、管理好、运用好红色资源。党的二十大报告指出："弘扬以伟大建党精神为源头的中国共产党人精神谱系，用好红色资源，深入开展社会主义核心价值观宣传教育，深化爱国主义、集体主义、社会主义教育，着力培养担当民族复兴大任的时代新人。"②

蚌埠，别称珠城，是安徽省重要的综合性工业基地，位于安徽省北部，淮河中游，史载蚌埠"古乃采珠之地"，故素有"珍珠城"的美誉。蚌埠因淮水而生，随着津浦铁路开通，水陆交通之便而成为兵家必争之地。在长期的革命斗争中，蚌埠这片热土曾发生激烈悲壮的战斗，也有着云谲波诡的地下暗战，涌现出许多可歌可泣的英雄人物和感人至深的红色故事。这些英雄人物和红色故事彰显了江淮儿女忠诚担当的精神底色。波澜壮阔的革命历程赋予了蚌埠宝贵的红色文化财富，如火如荼的革命斗争在蚌埠留下了丰富的革命历史遗址。据统计，目前蚌埠市共有各类遗址

①《共和国是红色的　习近平谈坚守革命信仰》，光明网，https://m.gmw.cn/baijia/2021-06/28/34953596.html。

② 习近平：《高举中国特色社会主义伟大旗帜　为全面建设社会主义现代化国家而团结奋斗——在中国共产党第二十次全国代表大会上的报告》，人民出版社，2022年，第44页。

88处，其中革命遗址70处。从新四军淮上行署旧址到渡江战役总前委孙家圩子旧址，从固镇淮北西大门抗战烈士陵园到建桥烈士纪念塔……这些革命历史文化遗产成为激励蚌埠人民坚定理想信念、积极投身经济和社会建设的精神财富。

进入21世纪以后，“红色文化”这一概念在文化领域不断出现，尤其是近年来，对红色文化的研究成为学界的一个研究热点，有关红色文化研究的论文大量发表、专著大量出版。蚌埠学院作为立足于蚌埠的地方高校，把传承地方文化、服务地方发展作为自身重要职责。马克思主义学院一直高度重视对蚌埠地区红色文化资源的调查和研究，拥有一支专兼职结合的研究队伍，以院长郏旭东教授为主力的团队近几年一直致力于蚌埠红色文化的传承创新，获批多项重大科研项目，与蚌埠市革命历史陈列馆共建大学生党史教育基地，已经打下良好的基础。该团队还加盟“2+4蚌埠联合马院”，牵头做好蚌埠红色文化研究中心的相关工作，联合开展蚌埠红色文化资源调查，盘点了蚌埠红色家底，重点对渡江战役总前委孙家圩子旧址、新四军淮上行署旧址等省级红色基地进行了调研，对基地的建设和发展提出了对策和建议。这些对策、建议得到了蚌埠市委宣传部的肯定，相关意见已被采纳。2022年，蚌埠红色文化研讨会召开，相关人员在大量调查研究的基础上，经过一年多时间，几易其稿，写出了《珠联玉映 传承红色基因》一书。他们运用相关研究成果在蚌埠学院开设蚌埠红色文化选修课，深受大学生的欢迎。

本书的出版是蚌埠红色文化研究的一个重要成果，但只是一个起步。今后还需要继续充分发挥各方面的研究优势，特别是要挖掘“2+4蚌埠联合马院”人才、学科专业优势，在科研、教学，尤其是在实践教学环节进一步发力，活学党史教科书，活用红色文化教育资源，为红色基因添色，为立德树人助力，确保红色江山永不变色。

陈国龙

2023年7月5日

目　录

第一章　蚌埠市区篇

在地方史中，蚌埠被称为“火车拉来的城市”，主要由于1911年开埠后，蚌埠成为水陆交通枢纽，经济获得迅速发展。随着经济的发展，工人阶级快速壮大，到1919年，蚌埠工人达5000人。蚌埠有着光荣的革命传统。1922年成立了安徽首个工会组织——蚌埠铁路工会。1925年，在中共南京地委领导下，蚌埠铁路工会重新成立，为蚌埠地区党组织的创建创造了重要条件。1926年1月，蚌埠地区第一个地方党组织，也是安徽首个由产业工人组成的党组织——中共蚌埠特别支部成立。特别支部成立后积极发展党员，扩大组织，在蚌埠地区有组织地开展革命活动。

新民主主义革命时期，蚌埠地区建立过中共蚌埠特支、蚌埠独支、徐海蚌特委、长淮（蚌埠）特委、小蚌埠支部、蚌埠工委（淮办）、蚌埠市委等地方党组织，这些党组织曾隶属中共南京地委、上海区委、江浙区委、江苏省委、淮北区委、江淮区委、皖北区委和安徽省委等上级党组织。党领导蚌埠人民进行了艰苦卓绝的革命斗争，众多革命先辈在这里工作，有安徽第一个为党献身的共产党员杨兆成，还有陈履真、朱务平、高揖三、张漫萍等革命先烈。

蚌埠人民为解放战争的胜利作出了重要贡献。蚌埠解放后，渡江战役总前委进驻孙家圩子，运筹帷幄，剑指江南。在随后的战争中，蚌埠人民积极支前，为解放军胜利进军提供物质保障。

新中国成立后，在中国共产党的领导下，蚌埠人民奋发图强，建立起良好的工业基础，社会主义事业欣欣向荣。改革开放以来，尤其是中国特色社会主义进入新时代以后，蚌埠人民满怀热情，积极投身美好蚌埠建设，不断取得优异成绩。

一、红色文化之历史篇

（一）淮畔星火：铁路工会和蚌埠特支的成立

1911年，淮河铁桥建成，津浦铁路全线贯通，蚌埠正式开埠，产生了安徽省最早的一批铁路工人，蚌埠地区的工人运动也应运而生。

在中国共产党领导工人运动的鼓舞和影响下，1922年10月，安徽第一个由产业工人组成的工会组织——蚌埠铁路工会在蚌埠铁路机务处成立，200多名会员均为蚌埠铁路机务处工人，赵兴旺、王顺为工会领导人。

为声援京汉铁路工人大罢工，1923年2月13日，蚌埠铁路工会组织铁路工人罢工，车站机车全部停驶。蚌埠铁路当局密谋武装镇压，为保护罢工工人的生命安全，避免流血事件的发生，蚌埠铁路工会通知工人复工。

这次罢工是蚌埠地区产业工人第一次开展的有组织、有领导的罢工斗争，虽然仅历时一天，但初步显现了蚌埠工人阶级团结起来的伟大力量，拉开了蚌埠地区工人运动的序幕。蚌埠工人阶级的觉醒，引起了地方当局的恐慌。罢工后不久，蚌埠铁路工会领导人赵兴旺在小南门遭暗杀，蚌埠铁路工会被迫停止活动。

蚌埠铁路工会首次大罢工旧址

1925年11月，蚌埠铁路工会在中国共产党的领导下重新成立，全国铁路总工会党团组织派员到蚌埠重建工会组织，并在工会骨干分子中发展党员。在那个风起云涌的年代，蚌埠地区的工人运动与铁路密切相关，当时，工会组织驻地在蚌埠火车站附近。重建的蚌埠铁路工会会员达到350人，分为20多个工会小组开展活动。中共南京地委的领导同志，以蚌埠铁路工会为依托，开办夜校，提高铁路工人的文化知识水平和政治觉悟，注意在工会会员中发现和培养骨干分子，并有重点地发展优秀积极分子，为蚌埠地方党组织的创建奠定了基础。在中共南京地委的具体领导下，苏美一在蚌埠铁路工会骨干中先后发展傅小泉（傅筱荃）等人入党。1926年1月，蚌埠地区第一个党组织——中共蚌埠特别支部成立，苏美一任书记，支部4名党员全是铁路工会骨干分子。2月，党员人数增至8名。6月，中共上海区委改蚌埠特支为独立支部，直属上海区委领导。1926年6月，原属南京地委领导的滁县、蚌埠两地的党组织划归江浙区委直接领导。江浙区委负责人是罗亦农、赵世炎等，后由赵世炎分工领导并发展了蚌埠的党组织。

中共蚌埠特别支部诞生地——蚌埠扶轮小学

四一二反革命政变后，国民党在蚌埠成立“清党委员会”，共产党人和进步人士被通缉、追捕和杀害，蚌埠多数党员转移到外地，为保存革命力量，蚌埠独立支部暂时停止了活动。

1927年5月，中共安徽省临时委员会在武汉法租界召开了第一次全体委员会议，讨论恢复安徽各级党组织，发展工农运动等问题。在安徽省临委指导下，蚌埠地方党组织的活动重新组织起来，并逐步发展壮大。1927年9月，中共江苏省委发出《江苏省农民运动的计划》，分析了组织农民暴动的政治路线和策略，划分沪郊、松江、无锡、丹阳、南京、崇明、扬州、盐城、徐州、东海、蚌埠、淮阴等12个区域，并决定抽调150名工作人员去领导农民抗租暴动。1927年10月，中共安徽省临委召开了扩大会议，为了加强党的领导，会议决定由宿县临委指导蚌埠、怀远等地的工作。1927年11月，中共中央决定，将安徽境内沿津浦线及皖东北各县划归江苏省委领导，蚌埠地区的党组织隶属江苏省委领导。

（二）浴血成长：徐海蚌特委和长淮（蚌埠）特委

1928年夏，中共江苏省委委派李启耕到蚌埠整顿党的组织，并成立蚌埠临委，发展党员，成立两个支部。

1928年7月，中共江苏省委为加强对徐海蚌地区农民运动的领导，决定建立徐海蚌特委。1928年9月，罗世藩被党组织派往徐州，专门从事筹建徐海蚌特委的工作。经过党员同志的共同努力，当月徐海特委宣布成立。10月，特委改组为徐海蚌特委，蚌属各县正式纳入了特委的领导范围。曾出席中共六大的蒋云被派到徐州，任中共徐海蚌特委书记。到了1928年底，徐海蚌特委下辖9个县委、4个特支、145个支部，共1601名党员，领导着包括徐属8县、海属4县、蚌属7县以及河南的永城、夏邑等县在内的广大地区的革命工作。此后革命力量进一步壮大，后来还扩大到山东临沂、郯城、枣庄等地。徐海蚌特委的主要任务是“纠正各地的机会主义，严肃劝诫同志退出国民党的一切机关，改组各地的指导机关，提拔各地农工同志，整顿各地支部”，以及发动、指导各地群众参与革命运动。

1929年5月，共青团徐海蚌特委在徐州召开部分团县委书记会议，但这项工作不幸被敌人发觉，参加会议的大部分同志被捕，团特委遭到严重破坏。中共江苏省委考虑到中共徐海蚌特委处境危险，为避免特委干部再受损失，果断决定暂时撤销徐海蚌特委，原特委所属各县委划归省委直接领导。

1930年3月，中共江苏省委为加强对徐州、海州、蚌埠地区党组织的领导，进一步发动农民武装暴动，开展土地革命，在综合研究革命形势的基础上重新恢复了徐海蚌特委，特委辖徐州、海州、蚌埠三地及周围各县。重新恢复的徐海蚌特委在蚌埠开展了轰轰烈烈的革命活动，包括组织工人运动、农民运动和学生运动，建立赤色工会，领导罢工运动。

1930年6月起，“左”倾冒险主义在中央占据统治地位。7月，徐海蚌地区的各级党、团、工会组织进行了合并，成立了徐海蚌地区土地革命总行动委员会和各县行动委员会（简称“行委”），统一指挥农民武装暴动。1930年7月25日，徐海蚌特委连续发出通知，要求“各县各级指导机关从县委到支部一律改组为行动委员会”，同时要求在蚌埠等有铁路的地方成立铁路工作委员会。1930年9月下旬，中共中央召开了六届三中全会，结束了李立三"左"倾冒险主义错误对全党的统治，停止了组织全国总暴动的冒险计划，并决定恢复党、团、工会的独立组织和经常性工作职责。会后，各地土地革命行动委员会撤销。江苏省总行动委员会撤销，成立中共江南省委。10月29日，江南省委撤销徐海蚌特委，11月，将徐海蚌特委改组为徐州、东海、长淮三个特委，并以抓紧恢复、重组党团组织作为迫切任务，同时总结经验，准备发动新斗争。其中，上级决定将蚌埠作为长淮特委机关驻地，陈履真任长淮特委书记，负责领导蚌埠、凤阳、盱眙、泗县、灵璧、五河、怀远以及寿县、凤台、颍上、阜阳等十几个县的党团组织。

陈履真到任蚌埠后，以扶轮小学为据点筹建中共长淮特委，领导13市、县工作。之后长淮特委成立，共有委员9人，陈履真任书记，朱务平任组织部部长。中共长淮特委成立后，以蚌埠为中心，发展党的组织，领导地区农民运动，建立农民武装，开展学生运动、工人运动以及军运和妇女工作。中共长淮特委曾辖蚌埠铁路工作委员会、蚌埠市工作委员会和6个县委、14个区委、123个支部约2000名党员。1931年，中共江南省委改组为中共江苏省委，长淮特委隶属于江苏省委领导。1931年3月，寿县、凤台、颍上、阜阳划归此时刚成立的中共皖北中心县委领导。

1931年6月，陈履真调离，朱务平接任特委书记。特委在多处建立秘密联络点，接待来往接头的秘密党员，承担与上海、阜阳等地之间的交通，转运组织文件和刊物等工作。长淮特委与皖西红军和中央红军保持经常性联络，设立临淮关红军联络站，建立由蚌埠到临淮关再到正阳关的秘密交通线。

长淮特委时期，蚌埠市区党的工作基础较好，当时党组织成员来源广泛。据老党员刘瑞龙回忆，当时党员来源大体分五类：一是本地学生；二是文化界的有识之士；三是铁路带来的西北军中报考了军官学校，接受了党的思想的学生；四是大革命失败后，回乡工作的共产党员；五是在国共合作时曾加入国民党，但在之后接受了共产主义思想，退出国民党的人。此后党的队伍进一步壮大，从知识分子转向工人、农民，从城市转向农村。

1930年，随着鄂豫皖苏区红军的发展，皖北地区成为国民党进攻苏区红军的重要后方。蚌埠地区党组织的任务就是发动群众斗争，进一步组织武装起义开展游击战争，以实际行动支援苏区红军，配合苏区红军粉碎敌人的“围剿”。

党领导人民进行的英勇斗争，给国民党反动派以沉重的打击，但是由于错误路线的指导和叛徒出卖，斗争遭受了重大挫折。1932年，因中共南京市委军委书记路大奎叛变，长淮特委遭到两次破坏；中共长淮特委军委书记刘平的叛变使长淮特委再次遭到破坏，朱务平、陈履真等人先后被捕。上级党组织多次试图恢复蚌埠党组织，但都没有成功。

（三）铁血抗战

1938年2月，蚌埠沦陷。1939年后，彭雪枫率领新四军游击支队进军淮上，建立淮上抗日根据地，开展敌后游击战争。1940年，新四军游击支队奉命改编为新四军第六支队，后与南下的八路军第二纵队合编为八路军第四纵队，彭雪枫任司令，同时成立了中共淮上地委和淮上办事处（行署），统一领导淮上地区的党政军工作。皖南事变后，八路军第四纵队根据中央军委命令，改编为新四军第四师。中共淮北区委城工部和四师敌工部多次派人进入蚌埠，秘密发展组织，开展抗日活动。同时，新四军二师、中共淮上地委、中共豫皖苏区委也多次派人到蚌埠开展工作。

1941年，中共淮北区委城工部和四师敌工部先后派遣高揖三等同志，在蚌埠建立抗战时期第一个秘密党支部——中共小蚌埠支部。1943年，中共华中局城工部派遣上海中共秘密党员康善贤等同志进入蚌埠，以蚌埠留芳照相馆职员的身份，开展秘密工作。中共定凤怀县委和中共淮南区委路西地委城工部先后派遣余本生、林坚等人进入蚌埠，成立中共蚌埠区工委。

留芳照相馆

中共小蚌埠支部隶属于中共泗五灵凤县委敌工站。1944年10月，中共蚌埠工作委员会正式成立，对外称“淮河办事处”（简称“淮办”）。“淮办”成立后，小蚌埠支部隶属其领导，在秘密发展党员的同时，逐步把工作的重点转到在蚌埠开展斗争和为根据地服务等方面。康善贤的组织关系后来由区委转归蚌埠工委，主要在蚌埠进行党的秘密组织的建立工作。蚌埠工委主要在蚌埠进行收集情报和为抗日根据地采购物资等工作。

“淮办”成立初期，由徐崇富兼任书记，副书记是张漫萍同志。徐崇富调动离开后，由张漫萍同志接任书记，工委机关有城工科、敌工科、情报科和秘书科四个科。

“淮办”对蚌埠城市工作最根本的方面是发动群众，发展党的组织，为今后里应外合、夺取城市做准备工作。为此，“淮办”积极利用各种渠道，对市区广大群众进行政治形势和党的城市政策的教育，组织群众，积蓄力量，准备反攻。在党的工作方面，“淮办”负责以蚌埠市为中心的津浦线南段和淮河沿线敌占区党的工作。1944年底，“淮办”派遣朱百里（化名张怀仁）回蚌，建立秘密联络点。1945年5月，中共淮北区委派遣第四师干部阚文亮（化名李振友）进入蚌埠开展工人运动，并成立以李振友为书记的党支部，属“淮办”直接领导。这些从不同渠道秘密进入蚌埠的党员，各自独立开展活动，发展党员，建立基层组织。1944年秋，张漫萍来到蚌埠，在留芳照相馆与康善贤顺利接上组织关系，此后康善贤在“淮办”直接领导下开展工作。这样，在蚌埠的高揖三、康善贤、朱百里和李振友领导的党支部都隶属于“淮办”的领导。抗战胜利前夕，任“淮办”副书记的张漫萍再到蚌埠，介绍高揖三与康善贤建立组织关系，留芳照相馆成为高揖三与康善贤的秘密接头点。在康善贤的领导下，小蚌埠支部独立开展活动。从此，上级的指示由高揖三传达给康善贤，康善贤收集到的情报也由高揖三传递到解放区。当时在市内搞地下工作的同志与蚌埠工委主要是通过交通员进行秘密通信。如有紧急、重要的事情，他们也亲自回到“淮办”来汇报工作。从抗日战争时期到解放战争结束，蚌埠共发展党员400多人。

“淮办”开展城市工作的另一个重要方面，是做好统战工作，争取、分化、瓦解敌伪军。蚌埠处水陆交通要冲，向来为兵家必争之地，战略地位十分重要。蚌埠又是汪伪安徽省政府所在地，敌伪在此驻有重兵。为了迎接大反攻，为收复城市做准备，经过调查，确定开展敌军工作的重要对象先是郝鹏举，后是吴化文。后来还有王占林、于乃桂、徐荫堂、梅玉和等地方伪顽武装和一些外围地区如扬州、青岛、南京、凤阳、五河等地的敌伪军。吴化文部队能够在济南战役中举行起义，与“淮办”对他所做的统战工作是分不开的。

另外，“淮办”还开展“两面政权”工作，掌握敌伪动态，收集和传递情报，准备接收城市的资料。

（四）蚌埠解放

抗战胜利后，为了统一领导，中共中央决定成立华中局，中共蚌埠工委（“淮办”）属华中第七地委领导，继续领导蚌埠市内党组织，发展党员，扩大党的秘密组织，开展秘密斗争。

1946年6月，全面内战爆发，“淮办”随部队转移。8月，与蚌埠城内中共秘密组织进行联系，并负责撤退后的善后工作。9月，张漫萍任蚌埠工委（“淮办”）书记，随部队疏散到洪泽湖开展游击斗争。中央指示蚌埠党组织独立活动，坚持斗争，扩大组织，迎接胜利。不久，徐邦宁、潘介和、蔡铁群受组织派遣，先后来到蚌埠，在康善贤等人的帮助下开展秘密工作。中共蚌埠党组织利用一切机会，开展各种形式的斗争。11月，淮北解放区党政军机关进行战略转移，市内党组织与中共蚌埠工委的联系中断。1947年7月，张漫萍进入蚌埠，传达淮北区委指示：为了加强城市工运工作，决定由李振友在市内成立工委，负责工人运动。

张漫萍牺牲后，蚌埠党组织与“淮办”的联系再次中断，他们坚持秘密斗争，不断寻找党组织，争取党的指示。1947年9月，康善贤派小蚌埠党支部书记高介福到上海联系党组织，未果。不久，他又派人到怀远和中共宿怀县委取得联系，汇报了蚌埠党组织情况，请求对蚌埠党组织加强领导。

1947年10月，中共豫皖苏第三地委决定成立蚌埠工作委员会（东南办事处），委托中共宿怀县委代管。宿怀县委书记汪冰石等多次进入蚌埠，指导蚌埠党组织的工作。1948年4月，第三地委将李自谴（1947年9月进入蚌埠开展城市工作）的组织关系移交给蚌埠工作委员会；6月，成立以李自谴为书记的中心支部；8月，蚌埠工作委员会决定将康善贤支部改为总支，康善贤任总支书记。这样，蚌埠工作委员会下属党组织有中共小蚌埠支部、以康善贤为书记的总支和中心支部。

解放战争时期，蚌埠还有中共李振友支部（工委）和“淮办”派人建立的中共洪遐、朱百里支部，他们发动工人和市民开展系列斗争。后来，在中共江淮区委的领导下，两个支部联合起来，成立“蚌埠人民自卫总队”（代号二〇一八部队，即“共”字），主要负责保护公共设施，维护社会秩序，争取国民党地方政府人员，迎接蚌埠的解放。直属“淮办”，进行单线联系的中共薛德昌支部，在基层劳动人民中开展工作。1948年11月，薛德昌返回中共江淮区委汇报工作，在区委指示下，宣传党的政策，稳定社会秩序，为迎接解放开展工作。

蚌埠的这些中共秘密组织，领导26个支部420名党员，在中共江淮区委、中共蚌埠工委的领导下，广泛收集情报，发动群众，护厂护市，为迎接解放军入城和蚌埠解放进行最后的斗争。

1948年12月7日，成立蚌埠市军事管制委员会筹备委员会，经华东军区批准，1949年1月18日，蚌埠市军事管制委员会在固镇正式成立，曹荻秋任主任，陈国栋、李世农任副主任。

1949年1月19日，张灿明率江淮二地委和江淮公学的干部330余人，由固镇出发，奔赴淮河北岸小蚌埠，随同江淮二分区的武装部队，当日连夜渡过淮河，进入蚌埠市区，接管了蚌埠城市。1月20日蚌埠宣告解放。同时，正式宣布蚌埠市军事管制委员会、中共蚌埠市委、蚌埠市政府、蚌埠市警备司令部入城“到职视事”，实行军事管制，开始有计划、有步骤、有秩序地进行接管工作。

蚌埠是当时江淮地区首先解放的最大城市，是皖北的第一大商埠。地处淮河岸上，有津浦、淮南两条铁路通过，又有水路和公路交错，是南北和东西往来必经的通道，交通运输十分方便。同时，蚌埠距离当时国民党政府的首都——南京，仅300余里，其战略地位十分重要。因此，蚌埠解放后，江淮区的党政军机关相继移至蚌埠。初期，蚌埠市的军管会主任由江淮区委书记曹荻秋同志兼任，蚌埠市的军管会副主任由江淮区委副书记李世农同志兼任。此外，李世农兼任中共蚌埠市委书记，张灿明为副书记，委员有黄仁庭、王宇、狄克东、倪柏年，后增补李振友、康善贤为委员。不久，李世农到安徽省委工作，张灿明担任书记。中共蚌埠市委先后属江淮区委、安徽省委领导，4月属皖北区委领导。

中共蚌埠市委主要领导合影

1949年3月，全市接管工作基本结束，市委的工作重点转移到恢复生产和支援渡江战役上来，市委副书记张灿明、宣传部部长冯舜华等也主要抓支前工作。具体支前任务的落实，由市支前办事处办理。国民党撤离时，炸毁了蚌埠铁路桥。为了保证解放军南下，蚌埠动员了大批人员，用了大量物资，配合解放军搭起浮桥。在被炸毁的大铁桥西边建了一座木便桥。在修建便桥的过程中，先后有王吉珍等六人壮烈牺牲。蚌埠全市人民，在人力、物力、财力等各个方面，都有力地支援了渡江战役。

（五）剑指江南

1949年3月22日至4月4日，邓小平、陈毅、粟裕、谭震林等率渡江战役总前委和中共中央华东局、华东军区、第三野战军移驻蚌埠南郊孙家圩子。邓小平在这里拟定了渡江战役作战方略《京沪杭战役实施纲要》，确定人民解放军第一支海军部队的领导人选。第三野战军发布《京沪杭战役作战命令》，为渡江战役做了充分的准备。

二、红色文化之人物篇

（一）杨兆成：安徽第一个为革命献身的中共党员

杨兆成

杨兆成，又名杨白涛，1902年出生于安徽怀宁。早年丧父的杨兆成，靠着顽强的毅力和宗族的资助读完小学。1920年秋，杨兆成考入位于安庆的安徽省立第一师范学校，投身反对军阀的革命实践活动。1924年，杨兆成加入中国社会主义青年团，曾任安庆团特支书记、团安庆地方执行委员会书记。1926年，转为中国共产党党员，并任中共安庆特别支部书记，兼任团安庆地方执行委员会书记、中共安庆特别支部书记。为了策应北伐，根据党的指示，他利用一个亲戚在军阀陈调元的部队当兵的关系，写信并邮寄革命书刊到亲戚的驻地蚌埠，宣传革命，进行策反，后身份暴露，在安庆被捕，转押至蚌埠。1926年9月10日，共产党员杨兆成被皖军总司令陈调元杀害于蚌埠小南山，时年24岁。他是安徽第一个为革命献身的中共党员。

1927年9月，杨兆成牺牲一周年之际，中共安徽省临委发表纪念文章《安徽省临委悼杨兆成同志》，赞誉他是“青年工作的指导者”。

时光荏苒，近百年光阴过去了，杨兆成烈士抛头颅洒热血的地方，如今呈现出一片欢乐祥和的景象，在每年清明节或重大纪念日，蚌埠市民都会到此凭吊，深切缅怀革命先烈。

（二）陈履真：遗志仍为主义真

陈履真

陈履真，又名理真、力真，字凤乔，1907年生，安徽萧县人，学生时期就读于江苏省立第七师范（今徐州一中），在校期间阅读了大量的先进书籍，成长为一名进步青年。1928年在萧县参加革命工作，对外以教书为业。同年由秦雅芬同志和他的老师刘亚民同志介绍加入中国共产党，任萧县县委青年部部长。国共合作破裂后，萧县国民党进行“清党”时，陈履真先后在上海华南大学、上海大陆大学学习。上海华南大学是党创办的大学，“清党”时这所大学也引起了国民党的高度敌视，陈履真入学不到两个月，该校就被国民党反动派查封停办。1929年7月，陈履真前往上海中央党训班学习并顺利结业，后与秦雅芬同志喜结连理。同年9月，组织决定分配其去徐州组织徐海蚌特委，任宣传部部长。当时为组织农民革命，特委领导组织了土地革命行动委员会，委员会提出了“打倒土豪劣绅，铲除贪官污吏，建立苏维埃政权”的口号，并开展暴动。暴动的初期进展态势良好，成功攻占了一些地方。但随后敌人从南京调来武装，在敌我力量悬殊的情况下，斗争未能取得最终胜利。斗争虽然失败了，但对于蚌埠人民尤其是农民群体是一次极大的现实主义教育。

1930年7月，特委机关在一次会议后被敌人破坏，在那次会议中，陈履真同志的妻子秦雅芬同志不幸被捕，此时她已怀有6个多月的身孕。但是被捕后她拒不透露消息，坚决不出卖同志。在斗争中她积极对狱卒进行思想教育，狱卒受到感化与上级积极斡旋，后秦雅芬的父亲设法将其保出。特支机关虽被破坏，但像秦雅芬这样积极斗争的同志很多，组织虽没有受到实质性损害，但是人员却因形势变化而分散。

在恶劣斗争态势下，徐海蚌特委决定针对人员分散的情况因势利导，化整为零，分别成立徐州、海州、蚌埠（长淮）三个特委组织。1930年秋，陈履真被调到蚌埠任特委书记。由于此时安徽没有党的省级组织机构，陈履真同志需要经常去上海开会，这一时期他主要是在蚌埠铁路工会进行党的工作。1931年6月，陈履真调至上海任沪东区委副书记，组织、参加上海总同盟罢工运动委员会，在十九路军中进行抗日宣传工作。后抗日运动被镇压，上海共产党人被大肆搜捕，党中央决定调陈履真夫妇去苏联学习。长淮特委连续三次遭受破坏后，1932年秋，已任中共江苏省委农民运动委员会书记的陈履真，以省委巡视员身份冒险前往蚌埠等地，联络失散党员，认真思考分析党组织屡遭破坏的原因，积极寻求对策，力图重新恢复基层党组织。但被叛徒陈亨州发现，经其告密后陈履真不幸于徐州被捕。被捕后敌人想从其口中获取革命消息，但陈履真大义凛然，在敌人面前毫无惧色，敌人一无所获。同年被押解至南京，于雨花台就义。陈履真同志牺牲前，高唱《国际歌》，高呼“共产党万岁”，牺牲时年仅25岁。

（三）朱务平：风雨长淮照汗青

朱务平，原名朱焕明，字镜秋，曾化名朱大生、焕明、人和、大春、冯心等，1898年出生于安徽濉溪的一个普通农民家庭。12岁入私塾，后转到宿县、徐州读书，用功刻苦，简朴好学，深得老师和学友赞许。在宿县第二高等小学求学时，开始阅读《新青年》《每周评论》等进步刊物。五四运动爆发后，参与发动学生罢课游行，声援北京爱国学生运动。1924

年，到徐州教会所办的培心中学读书。同年5月，参加徐州教会学生反对洋校长、美国传教士安士东的斗争，并在共产党的机关刊物《向导》周报发表《徐州教会学生奋斗的经过》一文。6月，加入中国社会主义青年团。同年底，经徐州党的地下组织负责人、江苏省立第三女子师范学校教务主任吴亚鲁介绍，加入中国共产党，成为一名献身共产主义事业的职业革命者。因从事革命活动，1925年暑期，朱务平遭教会学校开除，后回到宿县组织工农和学生运动，并建立濉溪地区第一个党支部。1926年，任共青团徐州地委委员、陇海铁路铜山站工运书记。1927年，担任中共宿县中心县委组织委员，负责农运工作。

朱务平

嚮導

The Guide Weekly.

嚮導週報（第七十期）

徐州教會學生奮鬥的經過　朱務平

我就是在教會培心中學的一個學生，這次反對洋校長，事實還知，所受壓迫的反抗和同學們的心理，不能不報告與反對帝國主義侵略的同志們知道。

洋校長陰恐怕大美國的威權，壓迫二百餘中國人（教員和學生）難能洋遇！　就爆發此次奮鬥的導火綫言之：五月十一號午飯，洋校長進飯堂，看見飯秩序紊倒，遂大罵而特罵！『你們中國人是「土匪」「走獸」，你們罵日本不好，你們不如日本！　不如日本把你們中國滅了！』二百餘人，吞聲忍死，氣的飯也沒能吃！　是日晚禮拜，又罵教員不負責任，不作禮拜，……同學以為不能再往下忍了，於是羣起與他理論：『教育是培養人格，你反摧殘人格！　你明為辦教育，暗中用奴隸教育侵略！　你口口聲聲說：美國待中國好，長江駐軍艦，是待中國好嗎!?　提倡共管中國鐵路，是待中國好嗎!?　廣東軍艦示威，是待中國好嗎!?　偽給北洋軍閥軍械和槍械，臨城案十六國協同侵略，都是待中國好嗎!?　忽然！　來幾個洋大人，各持手槍，把洋校長領去了。　同學計劃進行，次日早晨開會，議決條件要求：A永遠不準校長打人罵人B准學生成立自治會C校規須由自治會和教員從新訂D開除三位教員（洋狗派）E膳務自理。又立誓詞：『願犧牲奴隸教育　爭回人格，堅持以上條件到底』。　從舉代表八人要求洋校長，他僅承認E條，A條他還說不能永遠，又對我們奮鬥中間的分子發威風說：『你可到官學校讀書，以後可笑你們中國，教會學校那能容你！』　於是同學不滿意這答復，又開會討論，同學僅有五分之三，到下午還沒有一半，洋校長看陣營潰散，邀幾個洋大人

中共中央机关报《向导》第七十期

刊载朱务平的《徐州教会学生奋斗的经过》一文

1928年，朱务平被选为徐海蚌特委委员，并受党组织派遣到蚌埠工作。他到任后，一系列工人运动、农民运动和学生运动如火如荼地开展起来。他特别注重在工人、农民、青年学生中建立和发展党的组织。为加强与人力车夫的联系，他派大学生周斌从车行租了一辆人力车，充当车夫；

为加强铁路工人中党的力量，他派许立民以给青年工人和铁路工人子弟补习英语为名，打入铁路系统，开展工作；为进一步发动怀远地区学生运动，他让在凤阳读书的进步学生王东柏、杨重新等转到怀远中学读书，在学生中迅速建立和发展组织。他本人则以卖油条、推土车、卖手工香烟为掩护开展革命活动，先后领导挑粪工人反对公安局征收清洁税的斗争、洋车夫反对增加税捐和不准在闹市停车的斗争以及灾民卧轨的斗争。1929年，因为参加罢工斗争，临淮火柴厂一批工人被解雇。他打通关系，安排他们进入蚌埠警察局。当警察局连续6个月没有发饷时，朱务平毅然决定：罢岗！第二天，整个蚌埠秩序大乱，人声喧闹，气氛紧张。警察局局长只好答应先发两个月工资，余款陆续补齐。这次罢岗斗争取得了完全胜利。

1929年11月，朱务平出席了在上海举行的中共江苏省第二次代表大会。1930年10月，中共长淮（蚌埠）特委成立，朱务平任常委兼组织部部长，协助陈履真开展工作。至1931年4月，蚌埠党组织已从1928年的1个支部10名党员，发展为1个工委、8个支部共60名党员（不含铁路工委）。1931年6月，陈履真调往上海，朱务平接任长淮特委书记。朱务平多次到特委所属各地巡视党务，相继改组凤阳、凤台、盱眙县委，重建定远县委，使长淮地区的党组织得以发展壮大，战斗力显著加强，为开展革命斗争进行了充分的组织准备。

朱务平经常为长淮特委机关刊物《红旗报》撰写文章，在工农劳苦大众中起到了很大的鼓舞作用。当时，特委的活动经费和人员的生活经费要靠自己解决，朱务平以坚定的共产主义信念，在极端艰苦的条件下坚持工作。白天，他和大家一起出门挣钱糊口，做过卷烟工，拉过黄包车，当过货运工，即便这样也难以维持基本的生计，常常食不果腹。夜晚，在昏暗的油灯下，他不顾高度近视，摸索着编写、刻印特委机关报《红旗报》和革命传单。由于长期劳累，朱务平染上肺病，时常咯血而又无钱医治，但他仍以坚韧的毅力工作着。

1931年5月1日，蚌埠当局在小南山北侧广场召开大会，特委职工部部长潜入会场，指挥小学生抛出传单，会场顿时大乱，会议不得不在混乱中收场。同年，蚌埠当局通知加收人力车夫的牌照税，长淮特委通过党员赵立汉领导全市人力车夫罢工，斗争取得了胜利，并成立了工会。其间，朱务平组织领导了蚌埠码头工人、毛巾厂工人、卷烟厂工人反对封建剥削、要求增加工资的斗争，并在铁路工人、人力车夫、码头工人、警察、士兵、学生中建立党支部，在社会各阶层中建立了读书班、互济会等群众组织，教育群众，培养积极分子。

在朱务平的领导下，长淮特委的革命斗争不断取得胜利，出现了令人振奋的形势，但也引起敌人的警觉，军警在全市范围内进行了大规模的搜捕，许立民、耿建华、刘俊三、陈雨田、吴振昌等9名共产党员先后被捕。

在危险和困难面前，意志薄弱者产生了动摇。1932年3月和6月，因叛徒出卖，特委两次受到破坏，部分党员和进步群众被捕，朱务平仍镇定自若地坚守特委的领导岗位。8月，叛徒刘平带领特务在临淮关、蚌埠等地，进行两次大规模搜捕，导致80多人入狱，中共蚌埠工委、凤阳县委、定远县委和临淮关红军联络站均遭到破坏。10月20日，朱务平在门台子火车站被捕。朱务平被捕后，当即被押解到南京国民党宪兵司令部。审讯时，朱务平只承认自己是到门台子卖茶叶的农民，叫朱大生。敌人多次对他严刑拷打，朱务平口供始终不变。敌人也曾多次以金钱、美女进行引诱，他不改初衷。

在狱中，面对叛徒陈继君、黄公梅等人的指认、劝降、利诱，朱务平均嗤之以鼻："我不认识你。"为迫使朱务平屈服，军警曾8次将他从普通牢房转到"优待室"，他始终大义凛然，不为所动。朱务平的英勇气节鼓舞了难友们的革命斗志。他利用每天短暂的20分钟"放风"时间，传递斗争经验，研究和敌人周旋的对策，鼓励大家坚定地同敌人斗争："共产党员是杀不尽、斩不绝的，胜利一定属于我们无产阶级。"

1932年11月25日清晨，朱务平阔步走向刑场，牺牲时年仅34岁。与朱务平被关押在同一监狱的、中共十大姐之一的帅孟奇曾在其撰写的文稿中称赞“朱务平在狱中表现很好”，对朱务平高度崇敬。

（四）高揖三：至暗时刻持火人

高揖三

1938年2月2日，蚌埠沦陷。当月中国军队第51军对日军展开淮河阻击战。此役历时近20天，日军伤亡3000人，迟滞了津浦路南线日军北犯势头。1938年7月，伪中华维新政府行政院院长梁鸿志任命倪道烺为伪安徽省维新政府省长。10月28日，“安徽省维新政府”在蚌成立，1940年3月改为“安徽省政府”。1941年11月，抗战时期蚌埠首个党组织——小蚌埠支部成立，书记高揖三。

高揖三，原名高维让，祖居蚌埠市小蚌埠后楼村，1909年出生于一个地主家庭。在省立五中读书期间，开始接受革命思想，参加学生运动。1928年毕业回到家乡任教后，以课堂为革命舞台，传播革命道理，教育学生从小树立“天下兴亡，匹夫有责”的抱负。九一八事变后，高揖三义无反顾地投身抗日救亡运动，并因此关押于蚌埠，后被家族保释出狱。卢沟桥事变后，他决心投奔延安，献身抗日疆场。途中，因战时交通阻断，在陕北云阳的“青训班”学习。结业后，经西安八路军办事处介绍，转入山西侯马“民大”四分校，后来参加河南潢川第五战区抗敌青年军团。1938年5月，高揖三由濮思澄同志介绍加入中国共产党。

1941年5月，高揖三受党组织的派遣返回家乡，秘密发展党员，开展恢复蚌埠党的地下组织工作，成为蚌埠沦陷期间至暗时刻的一盏明灯。11月，中共小蚌埠支部成立，高揖三任书记。小蚌埠支部成立后，高揖三把工作的重点转移到领导日军占领下的蚌埠人民开展斗争和为抗日根据地服务方面。他经常组织人员在闹市散发传单，宣传党的抗日主张，传递胜利喜讯，揭露日军罪行。一天夜晚，他竟避过层层检查，将传单撒进警备森严的伪安徽省政府，引起日伪军的骚动和恐慌。为打破日军的经济封锁，他多次为抗日根据地采购战略物资，并设法送到目的地。共产党员康善贤遵照中共中央华中局城工部部长刘长胜的指示，打入蚌埠，以留芳照相馆开票员为掩护，在蚌埠站稳脚跟，广泛结交朋友，发展组织，开展工作。1944年秋，康善贤开始在“淮办”直接领导下开展地下工作。其间，张漫萍不顾个人安危，多次化装进入蚌埠，以党的秘密联络点留芳照相馆为掩护，巡视指导党的秘密斗争。1945年“三八”妇女节，张漫萍与高揖三第一次见面，随后张漫萍带高揖三到蚌埠市区留芳照相馆与康善贤接上了组织关系，留芳照相馆成为高揖三与康善贤的秘密接头点。从此，上级的指示由高揖三传达给康善贤，康善贤收集到的情报也由高揖三传递到解放区。

日本投降前夕，高揖三不幸暴露了自己地下党员的身份，但幸亏被潜伏敌方的同志及时报信，逃脱了抓捕，组织安排其先回解放区。在长期艰苦的地下工作中，高揖三同志备受身体与心理的双重压力。1946年3月3日，高揖三因急性肺炎在泗县病逝。消息传来，张漫萍同志倍感悲痛，撰写《悼高揖三同志》一文。文中写道：“揖三同志的死，使党失去了一个良好的干部，我失去了一个亲密的战友。”1949年，经皖北人民行政公署批准，追认高揖三为革命烈士。这个在至暗时刻以身持革命斗争之火种的无产阶级战士，获得了“革命工作就需要这样的同志”的至高评价。

（五）张漫萍：行仁事人间时雨

张漫萍

张漫萍，原名张复礼，1910年出生于河南省荥阳县城西五龙寨村。幼年时为强身健体，常随父亲学拳术。父亲对他很是疼爱，同时对其学习要求严格。父亲下地干活时，经常让张漫萍坐在田间地埂旁读书。张漫萍先后在荥阳县高等学堂、荥阳县立初级中学读书。他刻苦好学，晚上放学回家后，就用小油灯读书，经常学习到深夜。在学习之余，少年时代的张漫萍还主动关心国家大事。中学时期便参加过爱国运动。1927年在洛阳第四师范读书时，逐渐在思想上接受了马克思列宁主义，参加了共产主义青年团。

步入青年时代的张漫萍，表现出了敢于坚持真理，敢于斗争，无所畏惧的革命精神。他曾在房中的墙壁上写下“大丈夫马革裹尸，行仁事人间时雨。义侠心抱打不平，好男儿忠贞国事”的豪迈诗句。张漫萍与荥阳南街董天知、洛阳铁门韩钧、汜水佛姑洞赵洪恩等为至交。1929年，蒋冯战争爆发时，张漫萍前去冯部指责这场战争是“军阀混战”，是“反革命的战争”。同学们知道这件事后对他钦佩不已，但又担心他此举必为当局所不容，帮助他星夜离校逃走。

九一八事变后，日寇野心勃勃，侵占我国东北。蒋介石顽固坚持“攘外必先安内”，对日不抵抗，加紧镇压革命人民。当时，正在北平大学读书的张漫萍同志，眼见国难当头，义愤填膺，积极投入抗日救亡运动，参加抗日游行示威，手持旗帜，高呼抗日口号。一次，在天桥附近散发传单时被警察逮捕，被关押在北平草岚子监狱。为掩护身份，张漫萍化名王若愚，同监狱还关押着杨献珍、董天知、刘聚奎等同志，张漫萍同志和杨献珍同志被关在同一个牢房。在狱中的张漫萍坚决与敌人作斗争，面对同志始终热情和蔼，同时仍刻苦学习马列主义。在狱中时张漫萍被敌人残酷折磨，由于长期戴着沉重的脚镣，受过长期蹲水牢的酷刑，他患了严重的关节炎，体质很差，经常生病。敌人逼迫诱惑他写“悔过书”，他义正词严地说“我抗日无罪，无过可悔”，表现出了一名共产党员大无畏的革命精神。1934年，他在狱中参加了绝食斗争。

张漫萍同志政治上坚定，组织性很强。当时被捕的同志在狱中继续坚持革命活动，并成立了狱中党支部。凡是在敌人面前表现得不屈不挠的党员，经过支部审查之后，都编入了党支部，张漫萍同志也是这个支部中的一员。张漫萍在这个党支部内，积极进行党的活动并作出贡献。在监狱中，他结识了同样被关押的王玉堂，他利用每次“放风”的机会找王玉堂谈话，了解他的历史和思想情况。经过长时间的考察，1933年9月，狱中的张漫萍介绍王玉堂加入了中国共产党。在敌人的长期折磨下，他的关节炎越来越严重，有时甚至出现行动不便的情况，但他的斗志并没有被苦难消磨，他总是乐观热情，鼓励身边的狱友。1936年9月，张漫萍和杨献珍、刘子久、董天知等同志，在党中央和北方局的营救下成功出狱。

在五年多的牢狱生活后，张漫萍终于重获自由，组织上分配他回河南工作。这一时期张漫萍主要进行统一战线工作。其一，注重培养农村党员。张漫萍很早就在农村发展党员，先后发展王清、胡孔璋、王定一等农村党员。其二，注重发展学生党员。他以荥阳中学为基础，建立党的组织，还编写救亡三字经。其三，注重团结地方开明人士，广泛开展救亡荥阳的活动。他着手成立文化界救亡协会，作为统一战线的组织，坚持灵活多样的斗争形式。在他的领导下，救亡协会采取“合法”的斗争形式，各抗日阶级和抗日阶层均可以加入其中，国民党的田鑫斋、楚子襄为名誉会长。当时的救亡协会，口号是“一切服从抗日，抗日高于一切”，不是很强调阶级成分，宣传的重点是抗日锄奸。为更好扩大抗日宣传成效，张漫萍领导创办了一份救亡三日刊，通过影印的方式力争公开转载《新华日报》的消息，并在南山发展农会、青年会、读书会等。通过楚子襄，张漫萍积极与国民党的县级官员接触，获得了他们对抗战工作的普遍支持。在这一时期，张漫萍曾担任县军事训练队的政训员，有公开向地方团队宣传抗日的权利，但讲话的内容受国民党分子的暗中监视。此外，他领导群众反对贪污，和保长算账。张漫萍勇敢坚强，在很短的时间内就将这些工作有效开展起来，给后来的同志开创了良好的工作局面并提供了实际工作经验。

张漫萍同志对党的事业忠心耿耿，对同志赤诚热心。据一同出狱，被党组织分配到山西去工作的郑平同志回忆，张漫萍出狱后仍和他时常通信，还在条件艰苦的情况下为其送去特产柿霜。1937年10月，张漫萍被组织委任为开封市委书记。1938年5月，日本帝国主义占领开封，先后侵占了华北、华中、华南的大片地区。这期间，张漫萍又回到了荥阳。河南省委决定成立郑密荥（河南的郑州、密县、荥阳一带）工委，郑密荥工委属豫西特委领导。张漫萍任书记，兼任荥阳县委副书记，他经常深入农村，发展党组织，开辟荥阳、汜水、庞武一带的党的工作。1938年7月，在洞林寺办学习班后，曾建议因病在家休养的楚明同志参加工委工作。楚明同志参加工委后，对工作的开展起了较大作用。张漫萍在开封、通许、西华、荥阳等地以教书为掩护，进行活动。他有许多马克思、列宁、毛泽东的著作和党内刊物。1938年日本进攻中原，占领开封，他把这些书送往几十里外的姨家，藏在麦秸垛里。他说这些书重要，一本不能损失。1939年秋，张漫萍根据豫西特委的决定，离开荥阳，经西安八路军办事处，转赴敌后抗日根据地豫皖苏边区，到新四军四师彭雪枫同志的部队工作，任第二总队第一营营长。他和第二营营长孙公飞同志很要好，经常一起谈论马克思主义的革命理论问题。后来两人先后调到新四军四师司令部作战科担任参谋。1942年，张漫萍调至淮北区委党校任总支书记；1943年5月，到泗五灵凤县任县委宣传部部长。他工作热情，生活艰苦朴素，穿自编的草鞋，还积肥种菜。

1944年中共蚌埠工作委员会成立，对外称“淮河办事处”，后来张漫萍任工委书记。1946年7月，淮河办事处撤销。当时，国民党大举发起进攻，形势严峻，情况危急，淮北的党政机关和部队，除撤走外，其余大部进了洪泽湖，斗争愈加复杂和尖锐。许多同志劝他撤退，他毅然带病工作，执行上级指示，并不顾生死深入敌区，多次到蚌埠召开党员会议，指导斗争。

1946年11月，张漫萍化名钟庆田，崔波化名吴宜华，扮作布商准备进入敌区，到淮南田家庵、水家湖一带开展地下工作。同船的周扬季同志率领一批要疏散到各地去的人员，他们连夜起锚，穿越敌人的封锁线。船开之后，刮起大风，船行遇阻。天刚亮，敌人就冲上船来搜查。张漫萍和崔波两人乘小船先登岸，走了没多远，就被敌人保公所扣留。敌人说，抓到一个“黑压红”（即他们的通行证是先盖印，后写字的），遂将张漫萍和崔波两人扣留。张漫萍和崔波谎称是表兄妹做亲的夫妻关系，蒙混敌人，后商量分别逃走，约定暗号，在苇塘相见。崔波同志脱险后到苇塘未见张漫萍。张漫萍被另一敌人保公所扣留，后遇到共产党联络部打入盱眙县保安大队的戴胜吾同志和联络部原司务长朱淑华同志而得救。戴胜吾同志连夜用船将张漫萍送回洪泽湖。

1947年四五月间，张漫萍再次出洪泽湖，从盱眙上岸，由戴胜吾、朱淑华夫妇护送。他们给张漫萍换上一身黑中山装，呢子礼帽，化装成商人模样。张漫萍到了淮南、蚌埠、宿县等地，向蚌埠地下党员康善贤、李振友、陈锦龙等同志布置了工作，告诉他们说："大军很快就要南下，在对敌斗争中不要暴露自己，要注意保存力量，湖里有困难要设法支援。"1947年七八月间，张漫萍同志不幸在蚌埠被敌人逮捕，从蚌埠解往徐州的途中，火车经新马桥时，他从车窗跳出，头脸都摔破了，还坚持走了数十里，到了怀远县的杨集，又遇上了冒充区队的大营乡的土顽。张漫萍不幸被敌诱捕，随即被解往宿县湖沟区署。匪徒把他绑在湖沟集西街树上，严刑拷打，用绳子把他的双手勒得黑紫。张漫萍同志始终坚贞不屈，大义凛然，当夜，被勒死在浍河南岸。张漫萍同志被害后，敌人又将他的尸体装入麻袋，投入浍河。

三、红色文化之故事篇

（一）"火车拉来的城市"

蚌埠是"火车拉来的城市"。1911年冬日的蚌埠，一声汽笛响彻长空，打破了百年来悠长岁月的宁静。淮河铁桥建成，津浦铁路全线贯通，蚌埠自12月7日起正式开埠。

1926年1月，蚌埠地区第一个党组织——中共蚌埠特支成立，支部4名党员全是铁路工会骨干分子。

1927年2月，北伐军第七军一、二两师由湖北黄梅挺进宿松；2月2日，二师到达太湖；3月中旬，一、二两师从安庆出发，经桐城、舒城到达合肥、巢县；4月中旬，占凤阳；5月14日，攻占蚌埠。

1927年蒋汪叛变后，全国进入了白色恐怖，革命转入低潮。蒋介石反动统治在全国各地先后建立了"清党委员会""党务指导委员会"等组织，大肆逮捕和杀害共产党人和革命群众。在经济上，苛捐杂税名目繁多，如房捐、特别捐、军队招待费、过境费、壮丁费、训待费、马草费、军饷费、清街费、会议费、差旅费、拉夫费、过节费、地保费等，人民负担日益加重。当时国民党在铁路沿线交通发达的地区，如凤阳、宿县、蚌埠等地先后成立了“清党委员会”；在交通不便的偏僻地区，如萧县、泗县、砀山等地，反动政策贯彻较迟，仍保持国共合作的局面。这时党的中心任务是由城市转入农村，组织发动农民加入协会，领导农民抗租、抗捐、抗税、借粮、分粮，反对地主恶霸、土豪劣绅，组织武装，开展游击战争；在城市则利用公开和合法的机会，由经济斗争入手，引向政治斗争。同时在党内整顿组织，纯洁内部，发展工农群众和贫苦知识分子入党。

1928年1月，中共江苏省委决定在省委下设破坏反革命军队运动委员会，受省委指导。其任务是专门瓦解国民党和其他反革命军队，组织士兵群众。省委要求南京、徐州、蚌埠等地亦设立同样的组织，一面受省委“破反委”之指导，一面受当地党委指挥，并决定派七名具有军事工作经验的干部，到上述各地做帮助工作。

（二）“与帝国主义经济上绝交”——蚌埠人民支援五卅运动的反帝斗争

1925年5月15日，上海日本纱厂的资本家枪杀坚持抵制帝国主义压迫的共产党员顾正红，并杀伤十余名工人。帝国主义屠杀工人群众，激起了全国被压迫阶层的义愤和强烈的反抗。

这一惨案发生后，上海的群众在五月三十日组织了反对帝国主义的宣传和示威游行。当示威游行队伍高呼“全国人民团结起来”“打倒帝国主义”路过南京路时，英帝国主义的巡捕竟开枪射击，打死打伤群众13人，重伤数十人，造成了“五卅惨案”。

帝国主义的罪行，激起了上海和全国人民的极大愤怒。惨案的消息传到蚌埠后，蚌埠的工人、知识分子等纷纷响应，开展了轰轰烈烈的反对帝国主义、支援“五卅”的群众爱国运动。6月7日，蚌埠的工人、学生、商民等各界人士举行了援助“五卅”的游行示威，高呼“打倒帝国主义”等口号并召开了市民大会。会上，各界人士同声痛斥帝国主义的罪行，抗议帝国主义的暴行。怀远县含美中学的学生也来蚌参加了这次大会，并在街头广泛进行反帝宣传。会后，大家积极开展募捐活动，并派人将捐款送到上海，援助上海罢工中死伤的工人及其家属。

6月15日，蚌埠各校师生千余人又集会于南山广场。教职员均戴黑袖章，以表示对“五卅惨案”中遇难烈士的哀悼。学生手执白旗，上写“万众一心，群起救国”“打倒帝国主义”等口号。会上由共产党主导创办并实际领导的第一所正规大学上海大学学生代表作报告，讲“五卅惨案”的经过；南京东方公学募捐团代表也发表演说，动员大家积极募捐。会议提出了六项条件：一是惩凶；二是道歉；三是抚恤死难家属；四是撤退驻英、日陆海军；五是取消领事裁判权；六是废除不平等条约，并致电给当时的中央政府，要求严行交涉。会后举行了游行示威，高呼“打倒帝国主义”“收回租界”“与帝国主义经济上绝交”等口号，参加游行的有清平小学，二、三、四区学校，唐氏一、二两个学校，勤民学校，成德国民学校，五民工读学校，英文专修夜校等校师生，就连帝国主义在蚌埠办的教会学校，如道院学校、长老会国民学校、三育学校、育秀女子学校等校师生，也冲破了校方的干涉和阻拦，参加了这一反帝爱国运动。

6月23日和25日，蚌埠各界人士再一次分别举行了反帝大游行和大罢工。工人罢工、学生罢课、商人罢市，形成了蚌埠人民反对帝国主义、声援五卅运动的又一次新的高峰。各校师生又举行罢课，深入街头巷尾，广泛进行反帝宣传。7月7日，市民大会按原计划召开，人们再度举行示威游行。

在反帝高潮中，为把“与帝国主义经济上绝交”的口号变为实际行动，蚌埠全市人民开展了抵制日货和英货的活动，成立了“日货检查小组”，运用各种形式深入街头巷尾、码头车站进行宣传。虽然军阀政府的省长吴炳湘，曾下令禁止抵制日、英货运动，但蚌埠人民还是查封和焚烧了一些日、英货。蚌埠人民在支援五卅反帝爱国运动中，不仅提高了革命觉悟，同时也有力地支援了全国的反帝爱国运动。

（三）自古英雄出少年，烽燹请战卫河山

“列强寇疆，血雨腥风满叠嶂；群英出征，猛士贯出唱大风。”面对日寇侵犯，中国青年浩浩荡荡为国请缨，誓复失地逐强梁。在14年艰苦抗战中，蚌埠地区涌现出无数爱国青年，其中的重要代表是江淮中学义勇军“援黑队”北上平津，声援抗战。他们生动地反映了中华民族在苦难中奋起反抗的顽强意志，镌刻出中华民族凤凰涅槃、浴火重生的精神密码。

江淮中学最初是由蚌埠转运业同业公会发动各转运公司捐资创建的，是今天蚌埠第二中学的前身，筹办于1928年11月，1929年秋季开学，学生主要来源于本埠及周围各县，是蚌埠有史以来第一所开展正规教学的较有影响的私立中学。

中国共产党地下组织自江淮中学建校起便开展活动。1930年下半年，江淮中学成立共青团支部，书记程荣芳，团员十余人。同年底，在团支部的组织下，江淮中学建立学生团体晨曦社，开办《晨曦周刊》。周刊内容丰富，既有小说、诗歌，又刊发进步的时论杂文，因而很受学生欢迎，在学生中有一定影响。在晨曦社的带动下，低年级同学组织了曙光社，出版了《曙光周刊》。两个刊物相互砥砺，活跃了校园气氛。中共长淮特委成立后，非常重视江淮中学的学生运动工作。团特委书记陈育智（即陈雨田）、宣传部部长汤锦富（即刘峰、汤仲良）及团员周崇极常到进步学生中间进行革命宣传，发展团员。中共长淮特委机关报《红旗报》也常在同学中间传阅。由于较早接受了党的宣传和领导，江淮中学学生的革命自觉性较强，在学生运动中每每走在前列。

1931年9月18日，日本关东军蓄意策划挑起事端，侵占东北三省，史称九一八事变。这一事变激起了全国人民的抗日怒潮，一时间，抗日救亡浪潮席卷全国。在这一过程中，江淮中学也不落人后，如火如荼地进行革命运动。学校团支部在长淮特委的带领下，迅速组织，积极行动起来，

发动全校同学罢课、游行、示威。江淮中学学生与爱国教师共同组成“师生抗日后援会”，他们走上街头，向市民进行抗日宣传，开展抵制日货活动，发起支援东北义勇军的演剧募捐。9月22日，江淮中学“抗日救国会”成立。9月26日，江淮中学义勇军成立，都是志愿参加，共246人。义勇军请当地驻军派人到校组织军训，准备日后奔赴抗日前线杀敌，以实际行动报效祖国。

九一八事变时，黑龙江省有东北军3万余人。1931年10月10日，张学良任命黑河警备司令兼步兵第3旅旅长马占山为黑龙江省代理主席兼代东北边防军驻黑龙江省副司令官，任命谢珂为军事副指挥兼参谋长。11月4日，镇守黑龙江的马占山将军率部抗击日军，在齐齐哈尔南嫩江桥地区进行了一场震惊中外的江桥血战。这是自九一八事变以来，中国军队第一次有组织地大规模抗击日本侵略者的阻击战，也是中国抗日的首战。11月5日，日军重新组织进攻，当船到江心时，中国军队猛烈还击。10时，日军占领江岸第一线阵地，继而向第二道防线大兴阵地猛攻，遭到守军顽强抗击。11月6日，日军增调大队人马到达江桥并加入战斗，马占山亲自到前线督师，士气大振，到12时将日伪军击退。此后几日，中国军队孤军奋战几乎弹尽粮绝。11月18日晨，日军向中国军队发动全面而猛烈的进攻。守军以炮还击，炮声隆隆，震撼整个朔北荒原。日军急调援军，将中国战壕全部摧毁。中国军队连续鏖战，伤亡3000余众，毙敌2000余人。马占山虽电致各方增援，但是“吉林军观望不动，北平方面亦无一确切指示”。

北平、天津、南京、上海等地报纸纷纷报道马占山将军率部奋起抵抗日军进犯、亟须援助的消息。蚌埠江淮中学的广大青年学生面对东北沦陷、国亡无日的悲惨现实，莫不痛心疾首，壮怀激烈。进步学生梅芳冬、周崇极、苗秀实、张韬等人相聚议论：“中华民族到了危急的生死关头，凡我热血青年，安能咨嗟慨叹于笔砚间乎？是效班超投笔从戎的时候了！”校内黑板、墙壁上，均大书“投笔从戎，北上抗日援黑”“到黑龙江去，参加马占山的抗日义勇军”“誓灭倭寇，收我东北”“天下兴亡，匹夫有责”“反对不抵抗主义”等标语，充分抒发了爱国主义激情。此时有学生干脆提议：“与其奔走宣传，不如亲赴前线援助马将军抗日！”这一建议当即得到梅芳冬等人的赞同。接着，梅芳冬、苗秀实、边家泰等人，又联络各班同学，共同商讨北上抗日“援黑”的具体方针。在慷慨激昂的爱国主义精神感召下，大家决心投笔从戎，矢志支援在东北黑龙江嫩江桥孤军作战的马占山将军，并决定即刻组织江淮中学“援黑队”，签名参加者有100多人。大家公推初三同学梅芳冬为“援黑队”队长，并着手进行出发前的准备工作。

11月22日午后，参加“援黑队”的全体同学齐集校园。他们在《别诸同学》一文中写道：“我们已经不是最先的战士，但我们的血，却准备着洒在民族解放的路上，为诸位后来的标识！”校方闻讯后，立即进行劝阻，并派人火速通知学生家长前来制止。国民党当局得知江淮中学学生组成“援黑队”北上的消息后，也急忙通知校方、车站，不经政府许可，任何学生不得肆意妄动。但“援黑队”同学此时已下定决心，他们没有听从校方的劝说，结队冲出校门，直奔火车站。在初冬凛冽的寒风之中，他们身扛“江淮中学援黑队”的旗帜，高呼抗日救国之口号，向沿途市民宣讲此行之目的，谈及当下东北沦陷，国家到了生死存亡之时刻，动情处每每落泪，围观者无不动容。不少学生的家长此时已闻讯赶来，与校方人员一道从行进的队伍中拉下了部分学生。

当学生浩浩荡荡来到火车站后，“援黑队”队员尚有梅芳冬、周崇极、任振寰、吴毓麟、管有衍、高彩英、苗秀实、梅方荣、边家泰、孙尚铨、程汝瑞、孙繁滋、陈志贤、张作模、张齐旭、房子扬、黄传厚等坚定不移北上抗日者17人。队长梅芳冬和苗秀实等人义正词严地向站方交涉登车北上抗日“援黑”事宜。站长出面阻止，声称未得到上级批准，无权派车。学生们激于义愤，慷慨陈词，痛陈抗日救亡是革命青年的天职，声言：“学生不抗日、不救亡，难道听任敌寇宰割，坐以待毙吗？”说罢，不顾阻挠，前呼后拥，跳越栅栏，冲进站台，又被路警强力制止，乘务员紧闭车门。上不了车，学生们群情激昂，慷慨陈词，据理力争，见不达目的，决心以死报国。队长梅芳冬下令，如不放行，17人一齐卧轨。在梅芳冬率领下，队员们纷纷奔向轨道，用肉身阻拦火车开动，异口同声道："不得搭车，宁愿碎死轮下。"卧轨请缨，场面壮烈。站长迫于紧急情势，感于热血青年的爱国激情，不得不勉强同意"援黑队"同学的要求，乃与学校及政府当局协商，答应挂专车一辆，送"援黑队"北上，并电话告知沿途，妥为照料。当时，前往送行的江淮中学师生和学生的家长有1000多人。下午2时，列车开行，"江淮中学援黑队"队旗在车厢前随风飘扬，车上"援黑队"队员与车站送行人员及旁观群众，皆失声痛哭，情景悲壮。"援黑队"的行动经《皖北日报》充分报道后，北平、天津的报纸也进行了转载。23日一早，"援黑队"抵达济南车站。济南各报记者纷纷到车上采访。抵达天津时，新闻界记者也专访"援黑队"同学，《天津日报》等天津各家报纸均刊发了蚌埠江淮中学"援黑队"的消息。"援黑队"北上途中，历尽艰辛。离开蚌埠时，还是秋天，车到廊坊时，天降大雪。由于没钱买票，从天津起，只能爬上运煤车进入北平。"援黑队"没有经济来源，同学们把各自零花钱凑起来，17人只在前门外高升客店订了两个炕，每天吃的是粗面窝窝头、大饼、咸菜，喝的是小米粥，甚至是白开水。他们尽管受苦受冻，但北上抗日的决心没有一丝一毫的动摇。在稍事休息后，几位负责同学即按预定计划，于次日赴当地行政机关接洽去东北事宜，同时派出一些同学到北平各大中学校联系开展援助马占山的活动，其余同学留守，负责接待来访的青年学生和社会各界人士。

"援黑队"抵达北平的消息，很快在"四九城"（即北京皇城的四个城门、内城的九个城门）传开。各报刊新闻记者闻讯后，立即前往"援黑队"驻地采访。11月30日，《北平晨报》刊发《江淮勇士奋斗到底——置生死于不顾决意赴黑，学校当局派员来平照顾》的报道，公开表达了江淮中学"援黑队""目的未达，绝不回蚌""死于何地，即在何处，走到何处，即在何处"的决心，引起北平各界关注，全城震动。同时，北平各家报纸继续纷纷转载《皖北日报》有关蚌埠江淮中学"援黑队"的报道。北平大中小学学生上万人，召开欢迎大会，号召全国学生声援蚌埠"援黑队”。燕京大学、清华大学等校的同学纷纷走上街头，为蚌埠江淮中学“援黑队”募捐。上海、南京、青岛、济南、武汉、广州等地的报纸，也都在显著位置登载了江淮学生“援黑队”的新闻。

国民党北平市党部、全国学生联合会、东北抗日救国会、安徽会馆、冯庸大学等还先后举行招待会，款待来自江淮中学的“援黑队”同学。在北平学习的安徽学生发起为“援黑队”北上募捐的活动，并为“援黑队”制作御寒衣物。此外，冯庸大学所组建的义勇军也鼓舞了“援黑队”队员。冯庸大学全体师生对日本的国仇家恨与“援黑队”的义愤填膺不谋而合。1931年11月1日，冯庸大学抗日义勇军誓师成立，并进行军事训练，校长冯庸陪同“援黑队”全体队员检阅该校义勇军。

冯庸大学的女学生军

在一系列进步报刊的报道下，“援黑队”在北平一时声名鹊起，也被当时实际负责东北三省军政的张学良知悉。张学良被这些江淮进步青年学生的爱国热情深深感动。11月26日晚上，在王府井大街的顺承王府，张学良接见了“援黑队”全体队员。“援黑队”队员向张学良表达了要赴东北援助马占山抗日的目的和决心，张学良高度肯定了同学们的爱国热情，但基于同学们年纪尚小，且路途危险，反复劝勉同学们学业为重，希能即刻回校安心读书。第二天张学良派人送来200元钱，并说明这不是给去东北的旅费，只备零用。但是张学良的出面劝阻，并没有使“援黑队”放弃北上前去援助马占山的决心。“援黑队”在北平住了将近半月，见迟迟没有动静，便决定集体整队前往北平火车站，准备乘车出关北上。正当他们在北平加紧准备出发之际，母校江淮中学事务主任王子宜也从千里之外的蚌埠赶到北平，找到“援黑队”同学的住处，敦劝他们尽快返校。原来，自“援黑队”17名学生乘车离蚌后，家长们纷纷到校询问其下落，并对校方未能阻止学生北上予以责难。学校迫于压力，便差遣人员前往北平寻觅。校长还亲笔给“援黑队”同学写了一封信，言辞恳切，动之以情：“弟等走后，同人均不放心，而以兄为尤甚。弟等离校后，家长纷纷来校质询，兄实无词以对。堂上倚闾，闺中饮泣之情形，从可想见。弟等此行，旨趣固属纯正，而行为未免偏激。暴虎冯河，昔贤不许。途程尚远，资斧无多，偶抱采薪之忧，难免穷途之哭。学校经济困难，弟等夙知。此次王先生北上，殊非易事。即望随同王先生联袂归来，以慰殷望。”

王子宜到达北平后积极劝说“援黑队”同学返回，也受到了张学良的约见。王子宜感谢张学良对“援黑队”同学给予的照顾。张学良则再次表明自己的态度：“我有责任调队伍援助马占山将军，因交通阻碍，一时难到。江淮学生有愿援助，其志可嘉，并可激励全国青年。但长途大雪，十几名学生实难以走到。幸而前往，成就难言。还望循循善诱，回校完成学业。报国之日，来日方长……”

之后，安徽会馆、凤阳会馆的安徽籍知名人士亦相继来到“援黑队”住处，劝同学们返乡。但是，“援黑队”同学仍不为所动，并向前来劝说的人表示：此次北来，目的未达，决不回蚌。考虑到由当局提供至东北的交通便利已属不可能，为不拖延时日，经全队同学讨论决定即刻离开北平，由热河、察哈尔转道赴黑龙江。“援黑队”同学离开住处后，即整队前往前门车站，准备先由此搭火车出关。此时，车站已预先得知消息，以武装警卫守门，拒不让“援黑队”同学进站登车。车站负责人声言：“副总司令（指张学良）有令，锦州情况紧急，不准乘车北去。”“援黑队”同学几经交涉，眼见登车继续北上无望，都很激愤，决定徒步出关。

在队长梅芳冬的率领下，全体队员出西直门，步行30里，黄昏时分抵达丰台火车站。当晚，突降大风雪，“援黑队”同学步履维艰，被迫暂留丰台。国民党丰台党部委员张子明闻讯后，将“援黑队”接至区党部，安排食宿。一连三日，风雪不停。第四日，张子明为“援黑队”接洽乘车，并写信介绍给国民党天津市党部，让“援黑队”暂住，再作打算。当时，“援黑队”队员身上穿的还是从蚌埠出发时的夹衣，难以御寒。铁路工人对待这些热血青年亲如家人，以热茶热饭招待，以热言热语鼓励，照顾他们安全抵达天津。

“援黑队”队员到天津后，即被国民党天津市党部派人安排住下。天津市的安徽同乡会召开欢迎会，热情接待。当时已进入12月，纷传马占山江桥抗日暂时受挫，连接关内外的交通枢纽锦州已陷入阻塞状态。“援黑队”队员心急如焚，连日前往天津市政府请愿，要求派车送往锦州赴难。这时，母校江淮中学已获悉“援黑队”同学抵津的消息，奉命派员追学生返回，并致函国民党天津市党部，请其协助敦劝返校。市党部委员曾三省亲往劝说：“目前形势，北上已不可能，君等报国有心，请缨无路，不如暂时返校，读书救国。君等如能同意，一切返校善后事宜，均有党部与市政府妥为处理。”天津市市长周龙光是安徽定远人，他说：“我以同乡身份，劝你们返校读书。现关外情况紧急，火车开锦州已不可能。”此后，“援黑队”在天津住了10天左右，市政府派一名秘书每日到北宁路市党部与“援黑队”联系，通报情况，并送来食品等。一些“援黑队”同学的家长也从远道追寻而来，进行劝说。

在学校、家长、政府多方劝阻之下，“援黑队”召开全体队员会议，就是否听从“暂返江淮，等待命令，集结北上，抗日报国”的许诺进行讨论。会上，绝大多数同学认为，事已至此，赴黑龙江之路已寸步难行，只有接受劝告，暂时返校，以后再作计议。次日，天津市政府送来食品，备好专车，“援黑队”同学报国之志未酬，在天寒地冻的大风雪中挥泪由天津登车，南返蚌埠，立志读书报国。天津各报也以大字标题登载《江淮义勇军，返校读书救国》的消息。江淮中学“援黑队”奔走呼号，唤起了民众抗日救亡的爱国热情。虽然报国壮志没有实现，但他们置生死于不顾的北上抗日行动不仅推动了蚌埠地区抗日救亡运动的深入开展，也感动了全中国，在蚌埠革命史乃至中国革命史上都占有重要地位。他们的行动，充分展现了中华民族不畏强暴、勇于抗争的斗争精神。

（四）抗战时期蚌埠市区的隐秘战线

1944年春天，国际上反法西斯战争取得节节胜利，国内日本侵略者垂死挣扎。在抗日战争胜利的前夜，党中央根据形势的发展，提出在继续依靠和发动农民的同时要加强城市和交通要道工人的工作，把发展工人运动提到应有的地位。中共淮北区委为贯彻这一指示精神，决定派遣一批得力干部深入沦陷区各城市（其中就包括蚌埠市区）建立地下党组织，充分发动工人群众，为全力争取抗日战争的最后胜利而斗争。正是在这种情况下，党的隐秘战线上有了新的斗争。

1945年2月，当时蚌埠城区是日寇在华北和华中两支侵华派遣军的结合部，不仅是南北水陆交通的枢纽，而且是军事要地，非常需要党派人到那里开展工作。党在蚌埠市着手沦陷区地下工作，具有重要的战略意义。此外，蚌埠有好几万工人，光码头工人就有一万多，做好码头工人的工作也是一项极具战略意义的任务。码头工人经常装卸搬运敌人的军火和各种物资，把他们的工作做好了，将来不仅对解放蚌埠，乃至对解放全中国都会起一定的作用。

这一阶段地下工作的重点任务是做好长期埋伏，以待时机，发展党员，扎下根子，采取多种形式向工人群众宣传共产党的政策，揭露日寇行将灭亡的本质；戳穿资本家、把头剥削工人的罪恶，以此启发工人群众的阶级觉悟；带领他们勇敢地和日寇、资本家进行斗争。当时具体负责蚌埠市区工作的是阚文亮同志，他曾在部队工作，党性很强，也有地下斗争经验，主要负责开展蚌埠市党的地下工人、群众工作。为了安全起见，阚文亮化名为李振友，其工作直属淮河办事处领导。

3月中旬，李振友到“淮河办事处”（驻在解放区）报到，“淮办”负责人徐崇富、张漫萍两位同志接见了李振友。他们向李振友介绍了蚌埠的有关情况，明确了去蚌埠的具体任务：一是启发教育工人，对敌人消极怠工，拖延时间，并设法获取敌人物资；二是根据当前物价上涨情况，发动工人开展经济斗争；三是培养积极分子，建立和发展党的组织，站稳脚跟，积蓄力量，迎接解放。张漫萍同志还交代了几个需要注意的问题。他要求李振友了解当地的风俗习惯和地方语言、工人的生活等具体的细节，强调在斗争中要谨慎、大胆，随机应变，思想上要做可能牺牲的准备。在具体工作内容上，因李在蚌埠是独立开展工作，要尽快在码头上建立党支部并任支部书记。

李振友在蚌埠外围党组织的联系下，与蚌埠码头的搬运工人朱介涌同志成功接头，蚌埠工运工作很快打开局面。李振友到蚌埠市区后马上行动起来，以种菜为掩护，设法接近工人群众，了解附近的敌情，并注意发现培养积极分子。5月，地下党支部顺利成立，李振友任支部书记。此后，在李振友的组织下，又成功建立了一个党的外围组织——反攻同盟会，发展会员三人。同时他深入码头工人中去，以搬运工人为掩护，宣传党的政策，发动和组织群众。每天收工后李振友利用夜晚时间与工人们促膝谈心，访贫问苦，广泛接触，联络感情。一有机会，就向他们介绍国内外政治形势，启发他们的阶级觉悟；讲述日寇侵华暴行，激起他们的民族仇恨；指出做亡国奴的痛苦，鼓动工人们团结起来跟日寇斗争。此后，李振友由于在码头群众基础广泛，成为工头。他借助这一身份，屡挫日寇。1945年6月到8月，短短的两个多月时间，李振友先后领导工人进行了四次要求增加工资的斗争和一次罢工，均取得了胜利。在罢工运动中，他注意发掘工人中的积极分子，并将其逐步发展为党员，扩大党的地下组织，壮大革命力量，为之后蚌埠地区的斗争积蓄了力量。

（五）全力支援、剑指江南！

蚌埠市于1949年1月20日宣告解放。蚌埠解放后，紧接着的就是渡江战役的支前工作。1949年元旦，新华社发表了题为《将革命进行到底》

的新年献词，提出了中国人民、中国共产党、中国一切民主党派1949年的主要任务，其中赋予中国人民解放军的任务是："向长江以南进军，将要获得比一九四八年更加伟大的胜利。"[①]蚌埠的渡江战役支前工作，1949年1月20日开始，至5月中旬结束，历时近四个月。就支前工作来说，大体上分为三个阶段。

第一阶段，解放军南下前的准备工作，时间是1月20日至2月25日。这一阶段，由于蚌埠刚解放，在市军事管制委员会的领导下，市里的工作是：一面进行接管、建立政权等工作；一面在华东支前司令部的领导下，做迎接解放军南下的准备工作。江淮区委的主要负责同志，这时也到达蚌埠。此时的组织分工是，区委书记曹荻秋兼任蚌埠市军事管制委员会主任，区委副书记李世农兼任蚌埠市委书记，市委副书记张灿明，市长万金培，副市长倪柏年，市警备司令部司令梁从学，副司令赵汇川、黄仁廷。这一阶段，市里的支前组织尚未建立，支前工作是在市军管会领导下进行的。市军管会在唐家花园（后为市委所在地），曹荻秋也在那里，他主要抓支前工作。市委由张灿明负责，市政府由倪柏年负责。具体工作由市民政局组织力量完成。民政局副局长张立轩、市总工会筹委会主任李振友，还有陈锦龙、麹兆芳、李自谴（三人均是地下党员）、陈光溥、于秀生、徐华荣、张其高等同志，这时也主要负责支前工作。组织发动工人积极支前，工会是很重要的部门。为了加强市总工会的领导力量，除李振友外，1949年2月下旬，又调西市区委书记吕一平到市总工会筹委会任副主任。

2月19日至23日，江淮区委书记曹荻秋在蚌埠召开了区委扩大会议。参加会议的有：江淮一、二、三、四、五等五个地委的负责同志和蚌埠、合肥两市的市委，江淮军区、江淮区委直属部门的负责人。会上，曹荻秋布置了大军南下时的支前工作。他说："目前首要的任务就是支援解放军，打过江南去，解放江南，解放全中国！因此，要保证解放军南下和大量的物资供应，这一支前任务是战略性的任务，要无条件地服从。每个干部，每个党员，每个革命同志都要在支援江南中经受考验。要做到高度的

①《毛泽东选集》第4卷，人民出版社，1991年，第1379页。

统一集中，要做到一切满足前线的需要。这一阶段的口号是：全力以赴，支援前线，解放全中国！”曹获秋同志对支前工作还提出了一些具体要求，指出为了有力地领导支前，应立即建立与健全各级支前组织，完成粮草征借，组织担架运输，抢修所有铁路、桥梁，架设电话，组织船舶，动员一切人力物力。

俗语说：“兵马未动，粮草先行。”所以，支前首先准备的是粮、煤、铺草、烧草、军马所需的饲料等。1949年2月中旬，支前人员开始去固镇运粮。从固镇运到蚌埠的粮食，还要向南送，因为部队需要南进，此为军需所用，因而组织了500多辆平车，前去滁县送粮。在这段时间里，全市动员组织了4000多名码头工人和1700多名平车工人，负责支前物资和军用物资的装卸和运输。动员和组织城郊民工3万余人，负责建小蚌埠火车站、抢修公路及短途运输。这样，在很短的时间里，便建好了一个轮渡码头，建好了小蚌埠火车站及18里长的岔道铁路，修补了20里长的蚌宿公路、蚌合公路。小蚌埠区委、区政府，动员郊区农民为南下部队准备了烧草、铺草、马料等60余万斤。大军南下前另一个重要任务就是要动员组织船舶，用船舶抢搭浮桥。因为，横贯淮河上的津浦铁路线上的淮河铁桥，于1949年1月16日，在国民党蚌埠市驻军逃离蚌埠时被炸坏。因而津浦铁路线上由北向南的火车，只能开到蚌埠市的淮河北岸。由于淮河阻隔，短时间内，为解决大批部队南进和军用物资运输，必须在大军南下前搭好浮桥。为了搭好浮桥，华东支前司令部船舶管理部由王献廷负责技术指导，他带领150人，组织船舶搭浮桥。淮河船舶管理处，具体负责动员组织船舶搭浮桥。

在蚌埠附近的淮河中游，共组织搭浮桥用船554只，搭浮桥7座。其中：2座重浮桥，是过汽车、坦克、平车、马匹等用的；5座轻浮桥，是过部队、民工的。“二野”“三野”、淮河船管处，还共同组成“渡淮河指挥所”，指挥和安排有关人员从浮桥上通过。淮河船舶管理处，除动员组织船舶搭浮桥外，又组织了很多木帆船担负水上运输任务。在搭浮桥和水上运输中，淮河（蚌埠）中游共组织船舶2698只，临淮关船舶管理所动员组织船舶433只，共计3131只。此外，支前工作负责人还动员机关、企事业单位，居民、农民腾房子，收集整理生活物资，以备南下部队食宿所用。

第二阶段，解放军南下，时间是2月25日至3月底。1949年2月25日，市委召开了委员会，副市长倪柏年汇报了支前工作的准备情况和区委部署的任务。经市委研究决定，成立支前委员会，主任是蚌埠市委副书记张灿明，副主任是副市长倪柏年，委员有市政府主任秘书万立誉、市总工会筹委会主任李振友、新青团筹委会主任朱新明、市妇联筹委会主任夏凤珠、三野后勤部刘致中。支前委员会主要是对全市支前任务完成情况进行督促检查。动员总口号为："全民动员，支援解放军打到江南去。"3月1日，成立蚌埠市支前办事处，办公地点设在市政府。支前办事处，是全市支前工作的办事机构，负责全市支前任务的完成。办事处主任倪柏年（兼），副主任刘致中、张立轩。

市支前办事处下设三个科：行政秘书科，科长王少衡；民力动员科，科长陈光溥；粮秣科，科长于秀生。粮秣科，下设粮食总站和煤炭总库。粮食总站和煤炭总库又根据驻地情况，设若干粮、煤收发小组，昼夜保证供应。支前办的工作人员：一是本市机关干部，二是华东支前司令部派的干部，三是从工厂企业中临时抽调的不脱产的工人。市属的东安、国庆、中山、西市、小蚌埠（包括水上）五个区，也都相应地成立了支前组织，区委、区政府的负责人，也是支前组织的负责人。各镇也成立了拥军支前小组。

为庆祝蚌埠解放，进一步动员做好大军渡江前的支前工作，3月3日，在市体育场，举行了有党、政、军、群等各界人士共5万人参加的庆祝大会，教育干部、市民增强胜利信心，加紧支援前线。

大会由副市长兼市支前办事处主任倪柏年作动员。他号召全市人民必须做到：一是紧急动员起来，组织起来，支援解放军解放江南，帮助解放军运送枪支弹药、运粮食、慰问伤病员等；二是建设新蚌埠。接着，江淮区委宣传部副部长干仲儒、市委副书记兼市支前委员会主任张灿明等也先后讲了话，进一步强调做好支前工作的重要性。干仲儒同志说：“只有毛主席提出的八项和平条件，才是真和平，因此，我们要拥护毛主席八项和平条件，支援解放军解放江南，解放全中国！”张灿明同志说：“支前工作在当前是第一位的工作，全力支援前线和恢复、发展生产为目前的中心任务。”3月5日，市委、市政府召开了全市干部大会，市直机关和市属各区的干部都参加了会议。市支前办事处主任倪柏年，再次进行支前动员，并对前一阶段的支前工作情况进行了总结。3月7日，市支前办事处与华东支前司令部及各兵团办事处共同商定了码头工人和平车工人的工资标准。同时指出任务重、时间紧，蚌埠刚解放不久，公路的路面不平，长途运输平车容易损坏，要保证支前任务的完成，必须迅速修好损坏的平车。于是，市支前办事处派人至山东省济南等地购买部分平车零件，交给市建设局所属机械厂，并且规定，凡是因支前运输损坏的平车，可免费到建设局机械厂修理，按用料成本记账，最后统一由支前办事处结账。

为了做好支前时的宣传动员工作，市委还成立了支前政治处，主任是市委宣传部副部长冯舜华。政治处的工作人员，由市委宣传部牵头，抽调一些宣传干部组成。组织文艺宣传队，进行宣传演出；绘制支前宣传画，挂在会场和工地；同时还组织了土广播，及时表扬好人好事；此外还办了《抢修快报》《支前快报》等。为了进一步提高干群对支前重要性的认识，以便更好地完成支前任务，全市还规定了学习制度，开展“支前是本身应尽的义务，以实际行动，支援解放军解放江南，解放全中国”的学习活动。在学习提高对支前重要性认识的基础上，掀起拥军热潮。全市组织了各界人士代表团冒雨雪到前线慰问，发动干群写慰问信等。全市先后向部队送锦旗33面，劳军袋（内装牙刷、肥皂等日用品和水果、香烟等）12480袋，慰问信734封。《江淮日报》在社长王维、副社长欧远方的领导下，及时报道支前动态和先进事例，推动了支前工作的开展。参加支前的工人，订互助公约、奖惩条例，开展支前竞赛活动，大家的支前热情很高，干得热火朝天。

3月15日，市委为了加强宣传工作，又决定给市委职工运动委员会、青运会、妇运会等配备宣传委员，给东安、国庆、中山、西市、小蚌埠、水上等六个区配备宣传部部长。

市总工会筹委会成立后，为了充分发挥各级工会在支前中的作用，又先后成立了铁道工会、码头工会、驳船业工会、煤炭业工会、浴旅业工会等29个分会，555个工会小组，并在工人中建立了12个党支部和1个团支部。各工会为发动组织工人积极支前，先后开了194次大、小支前会。

为了加强支前工作的联系，华东支前司令部要求迅速修通蚌埠与附近地区的长途电话，抢修铁路、公路、桥梁等。蚌埠与合肥之间的长途电话于1949年2月3日修通。接着，市电信局负责抢修蚌埠与固镇段的90里的长途电话线路。市军管会铁道部负责抢修蚌埠与滁县段的250里的长途电话线路。在寒冷的天气里，电务员工接到任务就出发。在抢修蚌固段时，正值寒冬，天还下着雨，连续下了四天，工人冒雨作业。经十天的抢修，终于修通。蚌埠至明光段的线路于2月18日修通；蚌埠至滁县段的线路于3月中旬修通。到3月21日下午3时止，蚌埠至宿县、徐州、济南、郑州等地的长途电话全部通话。电信局为了支援部队，另拨20部单话机交给部队，供支前使用。此外，还组织数百名铁道工人抢修桥梁，组织瓦工960人，部分木瓦工到二百里外协助铁路工人，同时修筑码头四座，参加搭浮桥和维修过往部队住房。在通信方面，邮局的职工开展了“送信比赛，支援前线”的活动。从3月1日起，加收“平快”“快递”两种信件。信件可送达徐州、济南、天津、北平等地。2月25日，解放军开始南下，3月南下部队最为集中，主要是“三野”的，其次是“二野”的，日夜不断，每日有数万人经蚌埠往南。淮河蚌埠段三道浮桥上，过往的部队及车马等，像流水一样。浮桥在保证解放军顺利南进中起着巨大的作用。据不完全统计，除第一道浮桥因专门配合淮河大铁桥的抢修没有统计外，其余两道浮桥，共计从上面通过汽车3309辆，炮车2040辆，马车24240辆，平车613200辆，以及千百万斤重的粮食、弹药等物资。

为支援大军南下，支前负责人动员了各种车辆进行军用物资的运输，不仅有郊区的牛车、马车和民力运输，另外还有民用汽车40辆，轮船12

艘。在支前过程中，各种车辆运输军用物资1080万斤。

为方便南下部队就餐，全市在主要街道的交通要道口、火车站和轮船码头附近、淮河渡口等都设有大众饭店，供部队同志用餐。全市共设13个大众饭店，其中：西市区3个，小蚌埠区2个，东安区2个，中山区2个，国庆区2个，淮河码头2个。

江淮军区被服厂的同志和市缝纫工会组织的150名工人，日夜为部队赶做军服43000套，子弹袋34000条。过往南下部队食用的面粉和战马需要的饲料，是宝兴面粉厂承担的。该厂改装机器，生产高粱粉，以供给部队急用。全厂职工夜以继日努力生产，共计生产支前小麦面粉1170万斤，高粱粉130万斤。

宝兴面粉厂

各区的主要街道上，都设有茶水供应站，开水免费供应。为便利来往军人寻找机关、部队，市支前办事处还在火车站和淮河轮船码头处各设一个联络处。据支前粮站统计，共发出粮食约384万斤。其中：大米90.7万斤，面粉51万斤（细面32万斤，粗面19万斤），小米185.9万斤，绿豆7.3万斤，红粮6.9万斤，高粱粉9.9万斤，玉米粉12.2万斤，麸皮17.3万斤，绿豆粉2.5万斤。

部队南下，时间集中，人员众多，解决好部队的住宿是大问题。于是全市总动员，挤公房、腾民房。机关、企事业单位、城郊居民，都主动让房子，借家具和生活用具，还帮助砌炉灶等。群众让出的房子，编上号码，每号能住多少人，写在门上，以便时间紧急时好安排。据统计，大军南下期间，共让出住房6000余间。帮助部队砌炉灶270个，借锅377口，桌子846张，凳子1642条，床888张，水缸326口，席子3296条，其他用具，如面盆、面板、蒸笼、菜刀等1606件。

在大军云集蚌埠时，拥军爱民活动有声有色地逐步开展，涌现出很多感人事例。解放军主动给老百姓挑水、喂牛、拾粪、打扫卫生等，不少年轻的人民子弟兵在天不亮时就起身喂牛，待房东起来时，牛已喂饱。群众称赞部队的年轻同志说："真像老八路。"群众主动为部队让房子、腾床铺、送席子、砌炉灶、做饭、晒被子、拆洗被子、缝补衣服等。在下雨天，听说部队要干草烧饭，有老百姓没等村长吩咐，便主动套车拉来干草供部队使用。高凤清老大爷，看见部队做饭时没有锅盖，便不声不响地打了三个苇草锅盖送给部队用。部队同志深有感慨地说："我们真像到了自己家。"在拥军爱民活动中，军民还在一起开联欢会，真正体现了军爱民，民拥军，军民亲如一家人。

在解放军南下的过程中，全市动员了各业工人25万余人参与支前。在全市人民共同努力下，圆满地完成了解放军南下路经蚌埠时22.4万多人（解放军及民工）的食宿、1000多万斤军用物资运输、1亿6000多万斤军用物资装卸的任务，从而保证了中国人民解放军顺利向南进军。

第三阶段，继续运送军用物资及后方部队机关人员南下，时间是从4月初到5月中旬，工作重点是调整支前工作中的薄弱环节、务实改进工作方法。4月3日，南下的野战军部队都已经蚌南去。4日起，支前人员继续运送物资，协助后方部队机关人员南下。在地方支前工作上，改进平车使用办法，改善不合理的规章制度。因此时先头部队都已南下，平车调度存在紧张情况，所以一方面要保证支前任务的完成，另一方面要照顾到生产和市场用车的需要。于是，负责同志对平车进行登记和编号工作，按照发证的号数，根据居住地区，编成若干小组、分队、中队，各队民主推选出领队人。按登记车子的总数，三分之二保证支前需要，三分之一供生产和经营需要。在支前用车中，分短途和长途，短途和长途用车一个星期左右轮换一次。但是，总的用车还要服从支前任务的需要。在改进用车办法的同时也改进分配办法。过去是不问本人干多少，采取统一平均分配的办法。改进以后的分配方式是包工制，按件记工，多劳多得。采取按劳分资的办法后，工作效率大大提高。过去从淮河北岸小蚌埠，到市内五行仓库，一趟只拉三四百斤，改为按劳付酬后，大家的积极性被充分调动，一般一趟都拉六七百斤，有的还拉近千斤。过去一天拉三四趟，改进后，一天拉五六趟。每人每天可得工资粮15—20斤，工人的生活也有所改善。

为了充分掌握支前中平车工人任务完成情况及工作表现，各区支前组织都印了支前服务情况登记表，做到管理、调度科学。在派任务时，将表交给出车的工人，在任务完成后，由用车部门填上往返的路程、时间、片区及表现等，交给出车的工人带回交至登记处记工。每半个月统一核算一次。区支前明细、里程天数等具体排名列榜公布。这样，大大提升了工人的积极性。其他系统，如铁路、航运等行业的从业工人纷纷改进工作方法，提高工作效率，开展立功活动等。在支前工作中，大家都很热情，干劲很大，做到了一切为了支前需要，千方百计地保证任务完成。大军渡江的喜讯终于盼到了，1949年4月23日，南京宣告解放。

大军渡江后，蚌埠市的各系统、各区都召开了庆祝南京解放，表彰支前有功人员大会。1949年5月1日，全市召开了支前庆功大会。市总工会筹委会主任李振友致开幕词，中共蚌埠市委副书记兼支前委员会主任张灿明发表讲话。他代表市委向功臣们祝贺，并号召工人，“要继续发扬支前精神，要以主人翁的姿态积极生产，建设蚌埠”。市政府民政局副局长兼市支前办事处副主任张立轩，也到会祝贺，“希望功臣们继续在生产支前中立功”。一等功臣刘士正代表全体立功人员在会上讲话，表示今后一定加油干，以实际行动回应首长的期盼。

经过评比，评出支前功臣近600名，其中一等功26名，二等功51名，三等功165名，四等功155名，五等功196名。20个单位获得集体功。

支前人员中，涌现出很多先进典型。船运工人周长安每次接到任务后，都提前完成。他负责带领70余名工人参加支前，主要任务是从岸边往船上装汽油。有一次，船身一晃，一桶汽油滚入淮河。此时是农历二月，气温较低，河面还结着薄冰，河水很凉，但周长安毫不犹豫地跳入河中，将滚入河中的油桶捞了上来。平车工人王玉田，第一批到固镇运粮，不仅自己去运粮，还动员18辆平车和他一同去。第二次去固镇运粮时，家中不幸失火烧了住房。可他回蚌后，没提家中困难，又第三次去固镇运粮。搬运工人房本文，支前任务刚开始时便报名参加。在运子弹时，规定一人一趟扛一箱，可他却一次扛两箱。在他的带动下，其他工人也一次扛两箱。这样，提前完成了运子弹的任务。有一次轮到他休息，可是1000多斤的支前物资任务来了，他主动放弃休息，一个人完成了这次任务。平车工人崔大嫂，此时已40多岁，在体力上和年轻人相比不占优势，可她和其他男工人一样，积极投入支前，克服困难完成任务。在运输过程中，有三次是雨天，她仍坚持出工，冒着风雨在泥水里拉物资，出色地完成组织交办的任务。支前中规定，凡不满18周岁的平车工人，只负责短途运输工作，不负责长途运输工作，国庆区三淮镇平车工人刘洪全，此时才15岁，坚持要出长途差。其他工人认为他年龄小，劝他不要去，他坚持一定要去，并表示一定能完成任务。小刘连续三次参加长途运输，都完成了任务。他同其他平车工人一道，冒雨从蚌埠出发，长途跋涉到离蚌200多里外的滁县去送粮，深得大家称赞。支前功臣名单宣布后，由青联会、学联会、文艺干校等负责同志分别向功臣们戴红花、发奖品，给先进集体单位发锦旗，此时，全场掌声雷动，不少人激动得热泪盈眶。

淮海战役已经过去70多个年头，但人民用小车推出来的胜利却一直闪耀在中外战争史的星空。蚌埠人民倾尽所能、不畏困苦地支援前线，为百年党史写下了浓墨重彩的一笔。

四、红色文化之基地篇

波澜壮阔的革命历程赋予了蚌埠宝贵的红色文化财富，如火如荼的革命斗争在蚌埠留下了丰富的革命历史遗址。据统计，目前蚌埠市共有各类遗址88处，其中革命遗址70处，这些革命历史文化遗产成为激励蚌埠人坚定理想信念、积极投身经济和社会建设的精神财富。

近年来，蚌埠市扎实推进革命历史遗址和爱国主义教育示范基地建设工作，通过整合旅游、文化等各种优势资源，发掘、留存革命先烈留下的红色印记，积极“复活”红色历史，用活用好红色文化资源，筑牢蚌埠精神高地根基。“读万卷书，行万里路”，只有亲自深入蚌埠当地的红色文化，才能真正了解和感受到中国共产党的光荣历史和优良传统。

（一）渡江战役总前委孙家圩子旧址

渡江战役总前委孙家圩子旧址位于安徽省蚌埠市蚌山区燕山乡孙家圩子村。2004年，安徽省人民政府公布其为省级文物保护单位。旧址原为孙家地主大院，现存共5处建筑，均为土坯泥草房。房顶侧面呈人字形的硬山起脊式，屋顶从正脊向前后两面下倾，分别称为“前坡”和“后坡”，房顶盖草俗称“苫房”。1949年3月22日至4月5日，邓小平、陈毅、谭震林、粟裕、张震等领导人，陈丕显、曾山、张爱萍等革命先辈率渡江战役总前委、中共华东局、华东军区、第三野战军机关等四大机构进驻孙家圩子，对渡江战役进行精心部署准备。在这里，邓小平亲自组织拟定了渡江战役的纲领性文件《京沪杭战役实施纲要》等一系列重要文件，华东局制定了一系列的方针政策，华东军区确定了人民解放军的第一支海军部队华东军区海军的领导人选，第三野战军下达了《京沪杭战役作战命令》。孙家圩子一度成为渡江战役的军事指挥中心和华东地区的政治决策中枢，成为军史乃至中国革命史上重要的一环。

（二）蚌埠市革命历史陈列馆

陈列馆位于蚌埠市AAAA级龙子湖风景区曹山脚下，山水相映，风景秀美，庄严幽雅，是蚌埠市进行爱国主义和革命传统教育的重要场所，无产阶级革命家李先念题写了“革命烈士永垂不朽”的烈士纪念碑碑名和“蚌埠市革命历史陈列馆”馆名。1999年中央军委原副主席张震将军曾莅临参观。

陈列馆于1991年4月破土，翌年7月竣工，1992年8月1日正式开馆。由烈士纪念碑、“蚌埠革命史陈列”展馆、两个纪念广场、瞻仰道路等部分组成。总占地近50亩。187级台阶通往一号纪念广场，纪念碑高15.85米。园区以龙柏、雪松为主体，象征革命烈士的崇高品德和伟大精神四季常青，永垂不朽；辅以石楠、红叶李点缀其间，象征革命事业红红火火，蒸蒸日上。整体绿化形成了不同季节的不同景观，特别是拾级而上，极目远眺，陈列馆与湖光山色融为一体，使人顿觉心旷神怡。陈列馆不仅是进行爱国主义教育的基地，还是人们休息观光的游览场所。

“蚌埠革命史陈列”展馆位于瞻仰步道的中段、二号广场北侧，展馆面积约350平方米，计4个展厅，内设大小展板151块，展柜30个。陈展内容按照时间顺序共分5个部分，以图片、绘画、文献等历史资料，较系统地展示了1911—1949年蚌埠地区广大人民从事革命斗争的光辉历程，讲述了蚌埠地区为民族独立和人民解放、国家富强和人民幸福英勇牺牲的众多革命烈士的生平事迹；同时还展出了中共长淮特委的油印机、中共淮上地委的铁皮文件箱等珍贵文物。

陈列馆现为“9·30”烈士公祭日蚌埠市公祭仪式举办场所，先后荣获“安徽省爱国主义教育示范基地”“安徽省国防教育基地”“安徽省党员干部党史教育基地”“安徽省少先队教育基地”“蚌埠市爱国主义教育基地”“蚌埠市工人先锋号”“蚌埠市文明单位”等荣誉称号。

蚌埠市革命历史陈列馆

（三）建桥烈士纪念塔

建桥烈士纪念塔位于蚌埠市蚌山区蚌埠港东约500米，津浦铁路淮河大铁桥南端西侧2米处。2012年，同津浦铁路淮河大铁桥合并公布为第六批省级文物保护单位。纪念塔始建于1949年，由塔基座、塔身构成，塔基座为砖混结构，外饰水磨石，是为了纪念因抢修被南逃的国民党军炸毁的大铁桥而光荣牺牲的王吉珍、刘建国、王焕伦等烈士。

建桥烈士纪念塔

（四）津浦铁路淮河大铁桥

津浦铁路淮河大铁桥又称蚌埠淮河大铁桥，位于蚌埠市蚌山区蚌埠港东约500米处。2012年，津浦铁路淮河大铁桥被公布为第六批省级文物保护单位。大铁桥始建于1909年11月，1911年5月建成通车。该桥为固定型桁梁桥，全长570米，单车道。位于津浦上行线蚌埠站北，中心里程为832.264公里，目前仍在使用。1937年国民党军队撤退时将第1—7孔梁破坏，后日军将1、2、3孔修复，而将破坏严重的4、5、6、7孔柏氏梁更换为华氏桁梁。1949年1月解放战争时，国民党军队败退时，又将第3—7孔梁破坏。1949年11月至1950年7月，由济南局将该桥修复，当时是将破坏较轻的第3、4孔完整修复，而将破坏较重的第5、6孔合并，修复后架在第5孔上，将第7孔移至第6孔，将第9孔移至第7孔，第8孔不动。同时在第9号墩与浦台间新增一桥墩，架设两孔跨度为31.2米的半穿式钣梁。该桥历经抗日战争以及解放战争的洗礼，见证了蚌埠人民在中国革命中的奋斗与牺牲。

津浦铁路淮河大铁桥

第二章 怀远篇

怀远县，隶属于安徽省蚌埠市，始建于元至元二十八年（1291年），位于安徽省北部，淮河中游，淮北平原的南端，东邻固镇、蚌埠城区、凤阳，南界淮南，西毗凤台、蒙城，北依濉溪、宿州。怀远县历史悠久，大禹治水三过家门而不入、桓世家族闻名龙亢。近代以来，外敌入侵、内忧外患，怀远人民进行了艰苦卓绝的革命斗争，涌现出一大批革命英雄，为争取民族独立、人民解放作出了巨大的牺牲。转战宿怀地区新四军将领彭雪枫，被敌人活埋宁死不屈的胡友琴，被敌人双脚倒挂、捆绑吊打直至牺牲的钮玉书，“黄花岗七十二烈士”之宋玉琳、程良等，这些革命先烈身上体现了大无畏革命英雄主义精神，体现了视死如归、不怕牺牲的革命奉献精神。革命先烈的英勇事迹和伟大精神值得我们后人学习传承。

怀远有丰富的红色遗址，如新四军淮上行署旧址、陈集镇胡刘烈士陵园、中共宿怀县委旧址纪念馆、怀远县革命烈士陵园等。这些红色遗址见证了怀远人民不畏列强、艰苦抗争的革命精神；见证了怀远这片红色热土革命战争年代的烽火岁月；见证了怀远无数革命先烈抛头颅、洒热血，为民族独立、人民解放不怕牺牲、勇往直前的大无畏革命英雄主义精神。

一、红色文化之历史篇

（一）革命的火种

面对帝国主义和封建势力的双重压迫，为拯救国家、振兴中华，怀远革命青年宋玉琳、程良率江淮革命志士97人奔赴广州，参加孙中山先生领导、黄兴发起的1911年4月27日广州黄花岗起义。宋玉琳、程良二人率部进攻两广总督衙门。战斗中，宋、程二人奋不顾身，带头冲入敌阵，毙敌数人，多次击退清军反扑。在寡不敌众的危急时刻，宋玉琳命程良冲出突围。程良说："与君同来，不能忍去。"二人共同奋勇拼杀，直到日暮，终因寡不敌众，弹尽力竭，不幸被俘。敌人多次严刑逼供，二人大义凛然，不为所屈，从容就义。起义失败后，广州人民将宋玉琳、程良烈士的忠骨葬于黄花岗，英名列入"黄花岗七十二烈士"碑记。

为纪念和褒扬先烈，弘扬爱国主义精神，怀远县人民政府在依山傍水、风景秀丽的荆山风景区兴建"双烈亭"，以示纪念。

双烈亭墓碑

1911年农历九月二十八，怀远农民孙为凯、赵福田等为反抗官府和土豪劣绅的盘剥压榨，在龙窝、古城聚众起义，攻打怀远县城。起义队伍南到常坟，西到平阿，北到鲍集，东到津浦铁路，参加者近5万人。

1911年10月10日，辛亥革命爆发。11月，寿州光复。革命党人张汇韬、王庆云、袁家声、岳相如等成立了淮上革命军司令部。随即，由袁家声、岳相如率部东进，光复凤台，准备攻克怀远。在淮上革命军的声威震慑以及城内革命党人的里应外合下，驻守怀远的清兵望风逃窜，清王朝在怀远的最后一位知县宋兰生，未做任何反抗，主动交出印信，怀远遂告光复。

（二）五四运动爆发后的怀远

1919年五四运动爆发后，怀远掀起以含美中学进步学生为主的声援五四运动、反对奴化教育的反帝爱国运动。

在声援五四运动的街头宣讲中，年仅15岁的怀远学生高保成爱国心切，在宣讲中咬破中指，用鲜血书写“打倒日本”四个大字，围观的民众和学生无不为之动容。

1920年，含美中学学生会进行调整，进步青年、学生会副会长朱传文和钮玉书成为学生会的组织者和领导者。学生会先后组织了反对安徽军阀马连甲镇压学生运动、声援和支持安徽学生反对马连甲的斗争。

1921年春，以美国人赖尔慈为校长的含美中学禁止学生上街和去公共场所进行宣传。5月，全校学生举行罢课，组织游行抗议，并取得一定成效。校方不甘心失败，在暑假期间秘密开除了学生会的大部分骨干成员。开学后学生们发现校方阴谋，又联合起来与校方斗争。校方最终不得不答应学生的正当要求。

（三）支援五卅运动

“五卅惨案”发生的消息传到怀远后，以含美中学爱国学生为主的进步青年再一次率先站了出来，发起成立“五卅惨案怀远后援会”，召开怀远市民大会。学生会会长侯怀礼和钮玉书、李启耕、李启田、吴云、李晨钟等人在大会上发表演说，散发传单，组织群众示威游行。

轰轰烈烈的大革命失败后，大批具有革命思想的进步青年回到怀远，秘密进行组织活动。为加强对青年学生的控制，国民党采取党阀专制手段管理学生。但在怀远县立初级中学学生会主席的组织下，学生相继打倒了由国民党派遣的训育主任丁梓才和路佛山。学生反对以“政”治校的斗争取得了胜利，进步学生也在斗争中经受了锻炼和考验，提高了思想觉悟。

（四）早期党团组织的活动与斗争

1927年9月，共产党员宋子开、王振九、王海波等人相继回到怀远，争取和团结了一批进步青年，成立了青年协会，王海波任主席。

1928年春，中共徐海蚌特委派遣周斌到怀远传达八七会议精神，代表上级指出怀远今后革命的方向。

1929年底，在南京安徽公学读书的共产党员陈愚吾回到怀远养病，与进步学生陈育智（即陈雨田）一起进行秘密组织活动。

1930年秋，受中共长淮特委派遣，崔予庭回到家乡梅桥乡吕巷村开展农运工作，成立了怀远县第一个党组织——中国共产党吕巷小组。

1931年1月，怀远成立了第一个团组织——中国共产主义青年团怀远县特别支部，组织爱国青年学生开展各种斗争。

1932年8月，因叛徒出卖，中共长淮特委遭到严重破坏，包括特委书记朱务平在内的20多名党、团员先后牺牲。与此同时，共青团怀远特支书记陶学仁，团员沈立基、裴兰谷等人遭到逮捕，共青团怀远特支也被破坏。

（五）军民联合抗日

1938年9月30日，新四军游击支队司令员彭雪枫率部从河南竹沟誓师东征，开辟豫皖苏敌后抗日游击战场。翌年6月，游击支队第一次进军淮上，首战湖沟集，四打怀远县城，拔除安乡、上桥、十里铺等日伪军据点，仅十余日，便全部控制淮河以北、津浦铁路以西、浍河以南地区。

1939年7月，怀远县青年抗敌协会在龙亢成立，以汪冰石为首，创办《晓报》，宣传抗日救亡运动。

1939年8月，中共地下党员张语瑞、张力生、张太冲等人对怀远县动委会进行改组，并成立了中共秘密支部，领导和开展党在怀远的抗日民族统一战线工作。

1940年1月，因形势逆转，张太冲、张语瑞撤出，留下新发展的5名共产党员成立第一个支部（隶属豫皖苏省委），书记汪冰石。

1940年夏，八路军黄克诚部与新四军彭雪枫部会师淮上，合编为八路军第四纵队，开辟淮上抗日根据地，成立淮上地委（驻怀远县龙亢镇）。

淮上地委旧址

1941年皖南事变后，新四军第四师在淮上成立，淮上地委改为淮上行政公署，所属各县也成立了办事处，改为抗日民主政府。

1944年，新四军第四师西征，恢复和扩大津浦路西抗日根据地。

1945年，新四军和怀远人民共同迎来民族解放战争的伟大胜利。

（六）人民解放军解放怀远

1946年，中共宿怀县委在研究西撤问题的第一次会议上就作出决定：派崔剑晓、丁文山、李星光三人到敌占区，开展党的地下工作，成立“中共涡淮工作委员会”，书记崔剑晓，委员丁文山、李星光。

1947年6月13日，上级决定恢复宿怀解放区，将宿怀、宿蒙两个县的干部战士护送至目的地。汪冰石任宿怀县委书记兼县长，崔剑晓任副书记兼组织部部长。

汪冰石与群众座谈

1949年1月17日，人民解放军攻克怀远县城，怀远全境解放。19日，怀远军民在淮河李嘴子渡口等处搭设浮桥，协助解放军渡过淮河，解放蚌埠。

在淮海战役中，怀远人民用实际行动谱写了支前的光辉篇章，圆满地完成了支前任务，为淮海战役的最后胜利提供了有力保证，为新中国的诞生贡献了自己的全部力量。

1949年3月，合并宿怀以后的中共怀远县委、怀远县民主政府成立，崔剑晓任县委书记，卢锡球任县长。

二、红色文化之人物篇

（一）彭雪枫：纵横江淮的军事家

彭雪枫，1907年生于河南省镇平县七里庄一个贫农家庭，五岁入私塾，1919年入镇平县高等小学读书，1921年在伯父的资助下考取天津南开中学，后因故辍学。1925年入北京育德中学半工半读，当年加入中国共产主义青年团，后进入汇文中学读书。1926年参加中国共产党，投身革命活动。1929年，受党的委派到国民党二十一师做兵运工作，12月又到山东省福山县做农运工作，1930年到上海中共中央军委工作。

彭雪枫

在反“围剿”历次战斗中，彭雪枫始终冲锋在前，为官兵树立了榜样。1934年9月，彭雪枫调任中央第一局（作战局）局长，随军长征；1935年1月，又调任红三军团第三师师长，当年2月取消师的建制，缩编为第十三团，彭雪枫任团长。在二渡赤水夺取遵义中的娄山关一战，彭雪枫充分发挥了一个军事家的才能，取得了辉煌胜利，娄山关之战也成为红军长征史上最辉煌壮丽的一页。当捷报传来后，毛泽东主席立即写下《忆秦娥·娄山关》一词，“西风烈，长空雁叫霜晨月。霜晨月，马蹄声碎，喇叭声咽。雄关漫道真如铁，而今迈步从头越。从头越，苍山如海，残阳如血”以示赞颂。

1937年全面抗战爆发后，彭雪枫任八路军总参谋处处长，兼任驻晋办事处主任；1938年到河南省委兼任军事部部长，发展武装，扩充军队；12月24日，任新四军游击支队司令员兼政委。1940年2月1日，新四军游击支队改编为新四军六支队。1940年6月，新四军六支队与八路军二纵队合编为八路军第四纵队，彭任司令员，开辟淮上抗日根据地。1941年皖南事变后，第四纵队编为新四军第四师，彭雪枫任师长兼政委；11月任四师师长兼淮北军司令员。1944年8月率军西进；9月11日在夏邑县八里庄战斗中不幸被流弹击中，壮烈殉国，时年37岁。新华社1989年11月29日电，经中央军委确定，彭雪枫被冠以“军事家”的称号。

（二）胡友琴：坚定的共产主义战士

胡友琴，1922年生于河南省西华县，1939年参加中国共产党，1940年4月参加新四军。1941年至1943年任泗五灵凤县沱东区妇救会主任。1942年与郑淮舟同志结婚，1943年生女效民，1944年生子五一，1946年生次子毛毛。1941年任洪泽县临淮关区妇联主任。1945年至1946年9月，参加淮北区委轮训队学习，后任宿怀县癖河区妇联主任、区委委员，杨集乡党支部书记。胡友琴同志在工作中不畏困难，从不计较个人得失，严守党的纪律。

1946年秋，国民党保安团和顽匪向宿怀县进攻，宿怀县党政军组织撤离，胡友琴幼子毛毛还不满周岁，组织决定送胡友琴同志去郑淮舟老家考城隐蔽。1947年4月，因叛徒出卖，胡友琴同志和不满周岁的毛毛被捕入狱（在狱中，敌人当着胡友琴的面，把不满周岁的毛毛残忍地迫害致死）。胡友琴在狱中表现出一名共产党员的高尚品质，受尽严刑拷打，遍体鳞伤时仍怒斥顽敌，后被敌人活埋，被埋时胡友琴同志高呼：中国共产党万岁！时年25岁。

胡友琴同志纪念碑

（三）钮玉书：革命战争年代的先锋

钮玉书

钮玉书（1902—1947年），字祥麟，曾用名许行君，怀远县龙亢钮家湾人。1919年五四运动爆发，钮玉书被选为怀远含美中学学生会负责人，组织学生罢课、上街游行，反对签订卖国的“二十一条”，积极抵制、销毁日货。1925年9月，钮玉书考入南京金陵大学。1926年秋，经同学胡化西介绍加入中国共产党。1927年，蒋介石公开叛变革命，多数同志转移，钮玉书留下做党的秘密工作。

1930年、1933年，钮玉书两次被捕，均未暴露身份。1935年出狱后，组织将他安排到上海工作。1937年全面抗战爆发，他奔走于上海、南京等地从事抗日宣传工作。1940年夏，彭雪枫率八路军第四纵队进驻淮上，组织上安排钮到动委会工作，他为八路军第四纵队抗战做了大量工作。1941年皖南事变后，钮玉书随新四军东撤，任苏皖边区参议会参议员。在此期间，钮玉书发表《对时局紧急宣言》，刊登在新四军第四师《拂晓报》上，揭露蒋介石假抗日真内战的阴谋。

1945年日寇投降，钮玉书回到宿怀县解放区，以办教育为掩护开展革命工作。

1946年农历九月，国民党“还乡团”进攻解放区，钮玉书不幸被捕，被敌人押到界沟顽乡公所施以酷刑，双脚倒挂，捆绑吊打，耙齿石磨压身，凉水浇醒……连续折磨28天。敌人手段用尽，钮玉书宁死不屈，保守党的秘密。农历十月十九日，钮玉书在国民党宿县军事监狱写下五万多字的抗议书，怒斥蒋介石认贼作父、打内战的滔天罪行。1947年3月，钮玉书被敌人杀害，时年45岁。

（四）宋玉琳：青山有幸埋忠骨

宋玉琳

宋玉琳（1879—1911年），亦名豫琳，字建侯，怀远县城关人，同盟会会员，秘密革命团体“岳王会”安庆分会负责人。宋玉琳幼年与弟复生由继母刘氏抚养成人。为报答养育之恩，兄弟二人对刘氏非常孝顺。宋玉琳自幼聪慧，文思敏捷，擅长诗文。15岁，奉父命赴凤阳府应童子试，中案首，补博士弟子员，但非其所愿。宋玉琳目睹清廷政治腐败，国弱民贫，帝国主义列强横行霸道，十分愤慨，为遂其推翻清廷救国救民之志，毅然离家寻求革命途径。后他在家书中说“斩首成一快，莫负少年头”“富贵利禄岂能动，生死绝不变初衷”，充分表现了献身于革命之意志。光绪三十三年（1907年）春，宋玉琳就学于安庆巡警学堂。

1907年7月6日，光复会首领、巡警学堂堂长徐锡麟刺杀安徽巡抚恩铭，并率众起义，后失败被捕，宋玉琳与20多名巡警、学生亦同时被捕关押。杀害徐锡麟时，宋玉琳、朱蕴山等被押至刑场陪斩，宋玉琳毫不畏惧，表现出革命者视死如归的英雄气概。翌年11月9日，熊成基在安庆领导新军马炮营起义，宋玉琳参与起义的策划工作。后起义失败，熊成基殉难。宣统元年（1909年），宋玉琳离开安庆到南京联络同志。翌年秋，宋再至安庆，为隐蔽身份，谋有所举，复考入高等巡警学校。由于两次起义未成，省会官吏防范严密，一时难有作为。当时广州为孙中山领导革命活动之策源地，宋玉琳乃决心奔赴广州。因费用拮据，曾得其姐夫林锡侯仗义资助。

宣统三年（1911年）春，宋玉琳率江淮革命志士97人至广州，谋划起义。行前，朱蕴山邀韩衍专为之送行，并赠诗一首，诗云：“慷慨数恩仇，苍茫万里舟。此行各努力，相约白门秋。”宋玉琳初入广州，与饶甫庭共筹管军粮。4月27日下午，宋玉琳率众加入黄兴部，举行“三二九”起义，部队从小东营出发攻打督署，转战华宁里。宋冲锋陷阵，英勇顽强，终因势孤弹尽被捕。刑讯时，宋陈述了黄兴攻战之主张，言辞激昂慷慨，声色凛然不可犯，问官及观审者无不动容。宋英勇就义时，年仅32岁。烈士忠骨葬于广州黄花岗七十二烈士墓园。

（五）程良：黄花岗上一抔土

程　良

程良（1883—1911年），字元亮，亦名亮元、学梁，怀远县城关人。父程万彭，业瓦工，性仁侠，好为乡里排难解纷，不避权贵。母朱氏，怀远县西支湖人。程良年少时家贫，清提督李绍武老而无子，因与程万彭有亲，收程良为义子。后程良因受歧视，乃愤而复姓归宗。兄弟4人中程良排行老二，少时稍通文史，膂力过人，诚朴侠义，人称“呆公子”。19岁肄业于安庆陆军小学。光绪三十一年（1905年），由倪映典、郑赞臣（丞）介绍入同盟会。当时，赵声统新军三十二标驻南京，程良任赵部正目。赵常率新军操练于明陵，演讲革命道理，讲至精辟生动处，程良常为之感泣。后因孙毓筠被捕，赵声去广州，程良亦去广州任赵部下级军官。光绪三十四年（1908年）返皖，与熊成基、宋玉琳共谋安庆新军马炮营起义，失败后离开安庆。宣统元年（1909年）程良再至南京，与宋玉琳相誓约，同赴广州。

宣统三年（1911年）春，随宋玉琳赴广州，同在赵声部进行革命活动。广州起义前，宋玉琳在马鞍街设立机关部，程良伪装哑人往返于香港、广州之间，充当联络员。4月27日下午，与宋玉琳同至小东营出发攻打督署，转战华宁里。程良冲锋陷阵，血殷襟袖，战至日暮。宋玉琳见大势已去，急呼程良先退去。程良说：“与群同来，不能忍去。”终至弹尽被捕，清提督李准严刑逼供。程良大骂说：“吾与奴无可言者。”再问，终不答，被称为“哑党人”，后从容就义，时年28岁。烈士忠骨葬于广州黄花岗七十二烈士墓园。

（六）张寿天、宋琦：为有牺牲多壮志

张寿天（1905—1943年），又名张友年，怀远县龙亢镇南圩人。1940年春，与汪冰石等人一起加入共产党。彭雪枫率八路军第四纵队二进淮上，开辟以龙亢为中心的淮上抗日根据地，建立淮上办事处，张寿天被任命为四区（龙亢区）区长，后任抗日民主政府怀远县民政科科长。1941年，新四军第四师奉命撤至津浦路东。为打击日寇，张寿天被任命为敌工干事。1943年，农历正月十三，张寿天与宋琦奉命到宿怀边区淝河一带开展工作，路过淝北太平集老同学家，消息不慎走漏，被国民党乡政府密探得知，遂派乡丁持枪追到仁和集，张、宋两人被捕。

正月十四，张、宋两人被押到龙亢，施以重刑，灌辣椒水、“压杆子”。两人表现出共产党人威武不屈的高尚气节，怒斥国民党反动派破坏国共合作的罪行。正月十七，张、宋两人被押到褚家湖国民党怀远县政府，后又转到蒙城董集国民党十二路师部。1943年农历四月初七，张、宋两人同时被敌人杀害。张寿天时年38岁。

宋琦（1920—1943年），河南淮阳县城关人，出生于富裕家庭，有较高的文化素养。1939年投身革命，参加彭雪枫新四军游击支队。1940年加入中国共产党。

1939年至1941年，先后随彭雪枫二进淮上，历任游击支队干事、参谋。1941年1月，皖南事变后，随彭雪枫的新四军第四师转战皖东北，历任四师三十二团排长、连指导员、营教导员等职。1943年，新四军第四师挑选若干名文化较高的营级干部，提前潜入路西，收集情报，开展武装斗争，为恢复淮上抗日根据地创造条件，四师敌工干部张寿天与九旅文武双全的营教导员宋琦被选中。

1943年农历四月初七宋琦被敌人杀害，时年23岁。

（七）郑淮舟：中国如尔所愿

郑淮舟（1916—2017年），怀远县考城人，学生时代立志报国。1938

年，参加了共产党人创办的皖东北军政干部学校。1939年，被分配到洪泽湖特区工作。1941年皖南事变后，新四军十一旅和泗五灵凤县委联合成立敌工部，郑淮舟以泗五灵凤县委领导的身份，兼任敌工部部长、联络站站长。

1945年7月，郑淮舟奉命来到怀远县双桥集镇杨集村，任宿怀县副县长兼县武装总队队长。1946年7月，总队遭到数倍于己方的敌军包围。郑淮舟临危不惧，指挥所属2个连和警卫班200余人枪，打退敌人多次进攻，在援军接应下成功突围。1947年3月调离宿怀县，先后任中共夏邑县、中共凤台县委书记。

新中国成立后，先后任阜阳专区副专员、宿县行署专员、中共宿县地委副书记、安徽大学党委书记、安徽省人民政府秘书长、省人大常委会副主任等职。1988年离休后，任省新四军历史研究会常务副会长。2017年1月7日，郑淮舟因病医治无效在合肥逝世。

（八）平阿山上三烈士

彭雪枫率八路军第四纵队二进淮上，创建以龙亢为中心的淮上抗日根据地，设立淮上办事处，下辖怀远、蒙城、凤台、宿南、宿东等县，加强党的组织建设和政权建设，建立区、乡、村三级抗日基层政权。刘墨舞任怀远县第三区潘集乡指导员。1940年10月3日，潘集乡汪圩反动地主头子汪海波，勾结国民党县政府保安队，煽动受蒙蔽的红枪会会员，偷袭潘集乡抗日民主政府，逮捕了乡支部书记刘墨舞和八路军粮秣股股长李华庭、怀远县三区（胡町区）区委组织干事王宝霞。敌人对刘墨舞、李华庭、王宝霞用尽各种酷刑，三人宁死不屈，敌人一无所获，残忍地将刘墨舞等人杀害于平阿山汪小集，制造了震惊淮上的“平阿山惨案”。

临刑前，刘墨舞等人高呼：打倒日本帝国主义！打倒汉奸卖国贼！打倒国民党反动派！中国共产党万岁！中华民族万岁！

李华庭（1910—1940年），安徽省六安人，土地革命战争时期参加工农红军，并加入中国共产党，抗日战争时期随彭雪枫部进军淮上，任八路军第四纵队三四四旅六八九团粮秣股股长。1940年10月3日，李华庭奉命到怀远县潘集乡政府参加征粮会议，被敌人逮捕。在敌人酷刑威逼下，李华庭与同时被捕的王宝霞、刘墨舞，大义凛然，宁死不屈，痛斥国民党顽县长破坏抗战，制造摩擦的罪行。敌人恼羞成怒，枪杀李华庭、王宝霞、刘墨舞后，竟然将李华庭、王宝霞的头颅割下悬挂在大树上恐吓群众，手段残忍，令人发指。

王宝霞（1920—1940年），安徽省合肥人，出生于封建豪门家庭，曾在合肥女子职业学校读书。抗日战争爆发后，随祖母、父亲避难至六安。其父参加了省动委会工作，大姑、小姑、姐姐参加了省动委会妇女战地服务团。六安失守后，王宝霞先后到大独山和金寨从事抗日宣传工作。她工作热情、积极肯干，颇获好评。1939年6月光荣加入中国共产党。后党组织派她去白水河与上级党组织秘密联系，她女扮男装，跋涉40里，机智地躲过国民党的监视，摆脱特务的跟踪，按时完成任务。

1940年6月，王宝霞随八路军第四纵队彭雪枫部由豫皖苏根据地二进淮上，受中共怀远县委委派，任中共怀远县三区（胡町区）区委组织干事，兼做妇女工作。10月3日，王宝霞被逮捕。

在敌人酷刑下，王宝霞大义凛然，宁死不屈，惨遭敌人杀害，并被割下头颅，牺牲时年仅20岁。

（九）胡国华：群众支前典范、巾帼独当一面

胡国华（1905—1984年），濉溪县罗集人，19岁嫁到宿县杨集，丈夫为杨集贫苦农民苏良臣，人们尊称其为苏老妈。胡国华心地善良，性子刚烈，快人快语，对国民党当局苛捐杂税、腐败堕落深恶痛绝，曾多次联合乡邻抗缴国民党政府钱粮税收。1941年皖南事变后，国民党顽军制造摩擦，围攻驻守龙亢的彭雪枫部。为集中优势兵力，避免内战，彭雪枫部东撤前驻扎在杨集，经地下党人冯新仁推荐，彭雪枫拜访了胡国华并请她帮助新四军办三件事：一是买枪支弹药，二是买骡马、买西药，三是帮助新四军过“洋路”（即津浦铁路）。胡国华机智勇敢，多方奔走，顺利完成任

务。彭雪枫离开杨集前，亲手赠给胡国华、苏良臣夫妇一把大战刀。

1944年11月，新四军三进淮上，建立宿怀县抗日根据地，胡国华成为宿怀县委、县民主政府编外秘密情报员、通讯员，经常冒着生命危险为县委、县政府和县武装大队侦察敌情、传送情报、保管物资，还以姐妹相称掩护胡友琴等女干部，走村串户开展工作。

1946年，国民党撕毁停战协定，驻怀远涡南顽军和宿怀蒙三县“还乡团”反攻倒算，进攻宿怀县红色解放区。宿怀县委、县民主政府为保存力量西撤豫东，胡国华受组织委托为宿怀县秘密保存部分枪支，短短两个月，她的家被“还乡团”抄了11次，她本人和丈夫遭受敌人严刑拷打，但是她始终没有透露党的机密。

新中国成立后，她不居功自傲，不向组织要官要权要照顾，在农村甘当普通老百姓，过着平平淡淡的生活，于1984年病逝，享年79岁。

三、红色文化之故事篇

（一）张震换马

1941年2月，中央军委电令“淮上地区的八路军第四纵队改编为新四军第四师”。3月1日，在钮湾村举行了新四军第四师成立大会，主持人是参谋长张震。彭雪枫师长在大会上讲了话。参加成立大会的有师直机关单位和钮湾村群众。皖南事变后，国民党顽固派磨刀霍霍，直指新四军开辟的抗日根据地，淮上地区新四军第四师要面对超过自己8倍的兵力，10多万国民党军队的进攻，指挥机关驻在涡南钮湾村已不适宜。3月中旬的一天，部队决定转移。午饭后，师直机关做好转移前的准备，为房东扫地挑水，归还所借的物品，道别，然后到庄上麦场集合等待出发。

师部及直属单位是1940年10月从涡河北岸朱沟转移来的，在此住了将近半年，军民关系亲如鱼水，全村群众齐聚打麦场上送别。要出发了，只见参谋长张震骑着大白马领队，彭雪枫师长在最后和群众一一握手道别。全村老少送出村外，真是依依不舍。最后彭雪枫师长骑上红马离开钮湾村。群众送走彭师长后，回来议论开了："今天张震怎么骑了彭师长的大白马，彭师长怎么骑上了张震的红马？"

2001年春，时过60年，我们重访钮湾村，彭师长的房东，88岁的王氏再次提出这个问题。我们回答："这是张震有意骑上大白马，招惹敌人注意，保卫彭师长的。大家都知道大白马叫'火车头'，是彭师长的坐骑，特务要打黑枪，必然冲着骑大白马的。"

（根据钮湾村彭雪枫房东王氏等人的口述改编）

（二）血战龙亢

1942年2月8日，驻宿县等地日伪军千余人包围龙亢。龙亢守军国民党李仙洲部山军十三路王刚营，不足500人，且新兵较多，武器为中正式步枪、手榴弹，每排仅有一挺捷克式轻机枪，团部从涡南临时调配重机枪一挺。9日晨，日军开炮进攻龙亢。王刚营凭借龙亢东西北三面圩壕背水反击，一日打退日伪军十余次进攻。日伪军弃尸累累，急电从宿县调来重炮。10日，日军援军猛轰守军阵地。涡南十二路军、涡南十三路军两个营和骑八师某部，隔河观战，不予支援。王刚营弹尽援绝，退入街道，与敌人巷战。此战龙亢失守，王刚营前仆后继，英勇杀敌，伤亡过半。

（三）卧榻之旁修淮堤

全面抗战爆发后，为了保护群众利益，根据地决定冒险在日伪的势力范围内修复淮河大堤，成立复堤工程工委和抢修淮河大堤指挥部，郑淮舟任工委书记和指挥长。在群众的拥戴与掩护下，加上强有力的统战保障，经过军民的努力，工程历时4个月按时完成，创造了战争史上的奇迹。几十年过去，建设者们的踪迹已难以寻觅，而东逝的淮水在无声地述说着共产党人应人民要求而行的那段光辉历史，历经沧桑的淮河已将那段硝烟中的往事珍藏在自己的记忆中。

（四）三口棺材的故事

1948年春，全国快要解放了，国民党政府扬言要撤换“清剿”大队队长吴执卿（吴大愣）。吴执卿恼羞成怒，想出了丧尽天良的两条毒计。第一条毒计是：以国民党怀远县政府的名义，张贴布告，悬赏捉拿汪冰石。但最终也没见着汪冰石的影子。第二条毒计是：绑架汪冰石妻儿老小。吴大愣派便衣将汪冰石的母亲邵宇兰、妻子陶思兰、儿子汪明启抓捕，关进怀远监狱，逼汪冰石交出武装并许诺封官，否则，其母亲、妻子、儿子……

汪冰石得到这个消息后，心里非常痛苦，但是在县委召开的扩大会议上只谈工作，对自己亲人被绑架的事情只字未提，只是暗中嘱咐身边人用自己的津贴买三口棺材。

9月初，怀远警卫大队于队长得知吴大愣母亲送女儿去县城读书，神不知鬼不觉地与通讯员小诸，连夜秘密摸进县城。假冒吴大愣亲戚，把吴母娘俩带到了怀远县委驻地小杨集。驻地军民听说于队长抓来了吴大愣母亲和他的妹妹，都很高兴，说：“好啊！好啊！汪妈妈有救了。”“抓得好，我们要给于队长请功!”

哪知汪冰石得知此事后，严肃批评于队长道；“你是有三年党龄的老党员了，怎么能干出这样蠢的事！我们是共产党，怎么能像国民党一样株连人家亲属呢?”接着，汪冰石又亲自到关吴大愣母女处，安慰她们道：“今晚你们母女好好休息，明天送你们回家!”

吴母惊奇地问道：“你们能放我们回家?”

汪冰石大义凛然：“对，放你们回家。我们共产党的政府，不像你儿子那样乱抓无辜。”

一夜过去。天亮后吴大愣母亲与妹妹就被送回家去了。此事很快传开了，就是在敌占区也传得沸沸扬扬。人们说：“得民心者得天下，国民党已失民心，垮台是早晚的事。”即使国民党政权里的要人，有些也暗暗佩服汪冰石做得对，做得好，得民心。直到1948年冬，淮海战役前夕，龙亢西北湖著名乡绅胡显庭老先生，仗义疏通各种关系才将汪母祖孙三代保释出来。

（根据汪冰石、谢子言、于占祥口述改编）

（五）两块银元的故事

新四军第六支队彭雪枫司令员历来对部队要求极严，全体指战员上上下下严格执行“三大纪律八项注意”，这是豫皖苏根据地妇孺皆知的事。1940年10月的一天，部队刚刚打了一场胜仗，司令部里正忙着准备开庆祝胜利的联欢会，一个年轻农民推着一辆独轮小车，车上坐着一位白发苍苍的老大娘，后边还跟了一个年轻媳妇，他们来到驻龙亢镇邵圩村司令部门前，口口声声说是从怀远鲍集来的，是来“负荆请罪”的，一定要见彭司令。

彭司令听说后急忙走了出来，把老大娘搀扶到屋内，又让座，又倒水，并诚恳地说：“大娘，是谁惹您生气了，告诉我，我一定要按部队纪律严肃处理。”大娘一听忙摇头，急说：“不是，不是，是我老糊涂，对不起战士，对不起你。我专门让儿子从几十里外送我来向你赔礼道歉的，我实在对不起你。”

彭司令听后便问她到底是怎么回事？待她说清了原委，才知道和自己预想的根本不一样。前不久，二团十连部分同志前往怀远北部开辟新区时，曾有几位同志住在她家。过了几天，战士们准备要走，打扫了房屋和院落，缸里挑满了水。这时张大娘突然泪流满面，哭得很伤心。问她哭什么？她吞吞吐吐不肯说明。后来几经询问，才知大娘自己收藏的两块银元突然丢了，言下之意是怀疑被战士们拿去了。指导员刘永岑虽然清楚自己的战士绝不会干出这种事情，但看大娘那伤心的样子，又绝不会是胡编瞎说。后来刘永岑经过了解，确信不是战士拿的，又考虑到大娘的困难，于是从战士们的伙食费中拿出两块银元给她，然后就出发了。

部队走后两天，张大娘才知道两块银元是自己的儿子拿到外地给自己买布去了。张大娘一听儿子的叙述傻了眼，一时说不出话来。她停了停，带着愧疚自我埋怨说："都怨我老糊涂了，我对不起八路军，更对不起彭司令。"说罢硬要儿子送她去找八路军，亲自向彭司令赔罪道歉。

张大娘说罢拿出刘指导员给她的两块银元要还给彭司令。彭司令听她说完后笑了，和颜悦色地对她说："这点小事不值得您跑这么远，战士们偷没偷我们明白，您有困难，给两块钱也是应该的，军民一家嘛！"说着又把钱放在她手中。

张大娘见彭司令不但没有生气，还请她一起看联欢会，这么关心她，她更加难过，眼泪忍不住流了下来，呜咽着说："我对不起战士，对不起你，坏了咱部队的名声，不说出来心里有愧，说出来心里畅快。"从此，在怀远这片刚开辟的土地上，老百姓更加爱戴与支持共产党领导的军队。

四、红色文化之基地篇

（一）新四军淮上行署旧址

新四军淮上行署旧址位于龙亢镇龙亢街西首火神巷南段，现有始建于民国初年的房屋20间，南北长24.3米，东西宽14.7米，占地357.21平方米，总建筑面积308平方米。新四军淮上行署旧址是全市具有代表性的、在全省有较大影响的红色旧址。抗战期间，彭雪枫、张爱萍率部三次进军以怀远龙亢为中心的淮上地区，开展敌后抗日游击斗争，并创建了淮上抗日根据地。1940年7月，彭雪枫将军和黄克诚将军率八路军第四纵队进军淮上后，移驻于新四军淮上办事处（后称"淮上行署"），下辖怀远、凤台、蒙城、宿东、宿南5个县。抗日战争期间，新四军第四师办事处和淮上地委、行署均设于此处。旧址是当时行署办公所在地和行署领导人生活起居之所。刘少奇同志1941年路过此处并留宿。该地是全国19个红色抗日根据地之一。

新四军淮上行署旧址

新四军淮上行署在抗日战争期间为党培养了一大批具有军政素质的干部和军事将领，是英勇的淮上儿女不屈不挠抗击日寇、建立人民民主政权的历史见证，是宝贵的革命历史遗产。

（二）中共宿怀县委旧址纪念馆

中共宿怀县委旧址原为杨集大地主的宅院，曾是抗日战争和解放战争时期宿怀县委、县民主政府所在地。中共宿怀县委旧址纪念馆于2019年8月建成并对外开放。纪念馆由五馆三室组成：五馆为序馆、红色宿怀县馆、沿革事记馆、红色人物馆、红色故事馆；三室为接待室、门卫室、党员活动室。

中共宿怀县委旧址纪念馆

1944年8月，新四军第四师主力挥师西进，收复豫皖苏边区失地。中共淮北苏皖边区二地委、二专署成立，宿怀县委随之建立。宿怀县是指怀远、宿县、蒙城三县接合部，东至津浦路，西至赵集、板桥之间，南至涡河，北至宿县，是华中抗日根据地淮北路西边区和路东地下交通的跳板，对包围日伪军在皖北的军事、政治、经济重镇蚌埠，控制津浦线和淮河中游有着重要意义。

抗战胜利后，1946年6月，国民党集中兵力，大举向淮北解放区进攻，宿怀县四面受敌。为保存实力，宿怀县委西撤至河南永城，与地委、军分区会合。1947年6月，上级决定恢复宿怀解放区，由汪冰石任宿怀县委书记兼县长。重返宿怀县后，县委加强武装建设，恢复区、乡政权，多次粉碎敌人“围剿”，迅速打开了局面。从恢复宿怀县到淮海战役开始，宿怀县相继建立了11个区委、区民主政府和53个乡（镇）民主政府。广大军民在党的领导下，顽强拼搏、英勇奋斗。1949年1月17日，怀远解放。

（三）怀远县革命烈士陵园

怀远县革命烈士陵园坐落在怀远县城关镇荆山南麓，于2002年8月建成，坐北向南、依山傍水，占地面积2600平方米，36阶花岗岩石梯上，矗立着雄伟的人民英雄纪念碑。纪念碑基座高10.6米，汉白玉栏杆饰以松、竹、兰、梅等浮雕。碑净高8米，正面八个苍劲有力的红色大字“人民英雄永垂不朽”是毛泽东同志的手迹。

人民英雄纪念碑

纪念碑左侧青褐色大理石“烈士英名录”碑廊上，镌刻着自辛亥革命以后，怀远县504位烈士的英名。他们中，有为推翻清王朝献身的革命志士；有与日寇血战到底的民族英雄；有在共产党领导下，推翻国民党反动政权和保卫、建设新中国英勇牺牲的革命烈士。纪念碑后方，整齐排列着九座醒目的汉白玉烈士墓穴。他们中，有宁死不屈被国民党反动军队活埋的中共党员，有被枪杀的爱国学生，有在对越自卫反击战中保卫疆土、壮烈殉国的解放军战士。

“黄花红土埋忠骨，荆山淮水留英名。”纪念碑右前方，有座造型古朴的花岗岩石亭——双烈亭，是纪念黄花岗七十二烈士中怀远籍烈士宋玉琳、程良的专亭。1911年，孙中山领导的广州起义爆发，宋玉琳、程良随黄兴部攻打两广总督府，二人冒死争先，冲锋陷阵，血染战衣，弹尽力竭，不幸被俘。宋玉琳临刑前大义凛然，慷慨陈词，死时年仅32岁。程良在清提督李准逼问时怒目相对，一言不发，视死如归，被称为“哑党人”，罹难时年仅28岁。两位烈士遗骨葬于广州黄花岗七十二烈士墓园，英名列入七十二烈士碑记。“双烈亭”上有怀远县人民政府题写的纪念铭文，是安徽省爱国主义教育基地。

（四）陈集镇胡刘烈士陵园

陈集镇胡刘烈士陵园（又称淮海战役蚌西北阻击战烈士陵园）位于陈

集镇永佛村胡刘庄西，陵园内安葬着1948年淮海战役中，中原解放军某部一连为英勇阻击敌人增援部队而壮烈牺牲的无名烈士。2018年被列为蚌埠市爱国主义教育基地。

陈集镇胡刘烈士陵园无名烈士之墓

1948年冬，在淮海战役蚌西北阻击战新马桥战场，中原野战军某部一连，奉命在津浦铁路沿线阻击由蚌埠增援双堆集战场的国民党军辎重部队。战斗从凌晨持续到下午，战况极为惨烈。但为在限定时间内，有效把敌人牢牢牵制在新马桥铁路沿线，一连连长苏书祥，战士张良信、杨书林、郭立东等108名解放军壮烈牺牲。他们的遗体被当地支前群众用四轮大车拉到怀远县陈集乡胡刘等村安葬。烈士陵园的主碑身上刻有“革命烈士永垂不朽”八个大字，它提醒着我们今天的幸福生活来之不易，也寄托着怀远人民对革命先烈的无尽哀思和敬仰之情。

附

守陵护忠魂

——记守护陈集镇胡刘烈士陵园的两位老人胡兆伦、年介涛

一座墓园，两位老人，一人“守护”，一人“找寻”。多年来，安徽省怀远县陈集镇老人胡兆伦、年介涛，以各自的方式守护着胡刘烈士陵园里的烈士。

胡兆伦，1934年10月生，中共党员，蚌埠市怀远县陈集镇永佛村

村民。自1948年底至今，胡兆伦一直守护着在淮海战役蚌西北阻击战中牺牲的烈士。

胡兆伦

1948年冬天，淮海战役蚌西北阻击战在怀远地区打响。在战争中牺牲的烈士就近安葬在陈集镇的几个村子里，胡兆伦参与了当时的安葬工作。他所在的永佛村安葬了34名烈士，因怕烈士墓被破坏，胡兆伦在心里默默许下誓言：要守护这些烈士的英灵。此后，他日复一日、年复一年地守护着烈士坟冢，义无反顾地坚守着自己的承诺，一守就是70多年。2012年，胡兆伦老人的事迹引起陈集镇政府高度重视，陈集镇安排人员对全镇的烈士墓进行详细排查，查清了散葬在陈集镇6个村的83位无名烈士墓。2013年6月，陈集镇政府对83座无名烈士墓进行抢救性迁移，将烈士遗骨安葬在新建的胡刘烈士陵园。胡兆伦又义不容辞地做了陵园的守墓人和解说人。他教育子孙，在他死后继承他的做法，继续守护烈士的英灵。在老人的精神感召下，永佛村村民把烈士陵园当成弥足珍贵的精神财富，悉心呵护。

胡兆伦老人已将近90岁，身体大不如前，但他仍每天坚持来到陵园，走上几圈，清扫落叶，擦拭墓碑。胡兆伦说，守护烈士已成为他生命的一部分，有生之年他会一直守护在这里。胡兆伦获评“中国好人”“蚌埠十大新闻人物”等荣誉称号。

距离胡刘烈士陵园十多公里外，年过七旬的年介涛老人则忙着查找资料、比对烈士信息，为烈士寻找亲人。年介涛不时会来到胡刘烈士陵园，核对烈士碑文信息，与老朋友胡兆伦聊聊天。两位老人因同一座烈士陵园结下了深厚的友谊。

年介涛，1949年10月生，中共党员，是陈集镇的一名退休职工，退休后义务参加陈集镇革命遗址普查工作。2013年，在陈集镇将无名烈士墓迁移到胡刘烈士陵园的过程中，工作人员在烈士墓里发现写有烈士名字的砖块或印章，复原了18位无名烈士的姓名，但是烈士的生平信息有待完善。“复原烈士姓名只是第一步，要让碑文上的烈士信息更加详细，让墓碑更有温度。”从那以后，年介涛便开始了为烈士寻亲之路。

年介涛

多年来，年介涛根据有限的线索，通过查阅资料、各地走访等方式，已经为10多名烈士找到亲人，并根据线索又复原了多位无名烈士的姓名信息。如今，已经70多岁的年介涛依然没有停止寻找的脚步。他表示要尽自己最大的努力，为无名烈士复名，为有名烈士寻亲。

第三章　固镇篇

固镇县位于安徽省东北部，淮河中游北岸，具有悠久的历史，北魏太和年间改设谷阳镇，由于地处南北交通要道，地理位置十分重要，津浦铁路纵贯全境，浍河、澥河、沱河和淝河流经其间，素有皖东北的“咽喉”与门户之称。

固镇及周边一带原分别隶属灵璧、五河、怀远及宿县等县管辖，1964年10月31日，经国务院批准，将原宿县的任桥、湖沟，灵璧县的固镇，五河县的西刘集、王庄、濠城，怀远县的曹老集等区的全部或一部分划出设立固镇县。

固镇县有着光荣的革命历史。1912年11月，从天津南下直达南京浦口的津浦铁路全线建成通车，铁路在固镇穿境而过，淮河之滨的古老小镇依托工业文明的成果，走上了近代化的道路。津浦铁路的通车，让固镇的交通区位优势和军事战略位置更加凸显。民国初立，南方革命党人出师北伐，在固镇、宿州大败清军，促成南北议和，巩固了新生的民国政权。大革命时期，国民革命军发动蚌埠战役，击溃孙传芳安国军，克复蚌埠、固镇，为二次北伐和实现中国形式上的统一开辟了胜利的道路。抗战时期，固镇人民坚持武装斗争，成为接受日军投降的光荣之城。解放战争时期，中国人民解放军在固镇一带成功实施了蚌西北阻击战，为淮海战役的胜利作出了重大贡献。

新中国成立之后，固镇人民在中国共产党的领导下走向新生，各项事业发生了翻天覆地的变化。1965年，固镇正式设县，固镇的历史翻开了新的一页。

固镇这片红色土地，曾涌现出许多英雄人物。抗日战争时期，在民族生死存亡的关键时刻，固镇人民英勇抵抗，张漫萍、李文宗、周启邦、欧明海等一大批革命者在固镇英勇牺牲。新中国成立后，徐介藩将军成为共和国的开国将领，为解放军的正规化、现代化作出了重要贡献。

固镇县境内近现代重要红色文化资源及代表性建筑有津浦铁路固镇站遗址公园、淮北西大门抗战烈士陵园、固镇县博物馆等，是固镇县及周边地区接受爱国主义和革命传统教育的基地。

一、红色文化之历史篇

固镇有着悠久的革命历史。从1919年至1949年，固镇人民经历了从压迫中反思觉醒，到奋起抵御日寇，再到彻底解放三个阶段。

（一）从压迫中反思觉醒

1840年鸦片战争之后，中国逐步成为半殖民地半封建社会。固镇人民遭受着残酷的封建剥削压迫，同时，水旱兵匪祸患不断，虽一次次反抗斗争，却始终没能找到翻身解放的出路。十月革命一声炮响，给中国送来了马克思列宁主义。1919年5月4日，北京爆发了五四爱国运动，在黑暗中苦苦挣扎的固镇人民开展了轰轰烈烈的声援五四爱国运动和抵制日货的斗争。

在外地求学的青年学生欧仲华、张耀宗、顾君正等在五四运动的浪潮中纷纷赶回家乡，在津浦铁路以东的王庄、三铺和四铺（三铺和四铺今属五河县）等地发动青年学生和教师响应和声援五四运动。数百名师生高呼“打倒帝国主义！”“惩办卖国贼！”的口号走上街头，散发传单、登台演讲，号召群众起来支援爱国学生的正义行动。

固镇工农群众先后声援1921年安庆“六二惨案”、1923年“二七罢工”和1925年五卅运动。在一次次的群众斗争中，固镇工农群众逐步走上了政治舞台。

1928年，中国共产党人为固镇一带播下了革命火种。1928年9月，中共江苏省委决定成立徐海特委，以加强对津浦、陇海铁路沿线革命斗争的领导。10月，徐海特委更名为徐海蚌特委，后又更名为长淮特委。特委成立后，非常重视开辟固镇一带的革命工作。中共宿县县委派党员郑良瑞到任桥、水池铺（今属宿县）一带开展工作。郑良瑞到任桥一带后便深入铁路工人和周边农民中，开展反团防、反苛捐杂税斗争，并在铁路工人中发展党员。1930年春，特委派党员崔雨亭到曹老集一带开展秘密活动，在铁路工人中开展工作。同年8月，长淮特委遭到严重破坏，崔雨亭被迫离开曹老集一带去上海。

1931年九一八事变爆发后，由于国民党实行不抵抗政策，1932年1月，东北三省全部沦陷，激起全国人民的强烈愤慨，固镇一带的抗日救亡运动也随之展开。

在固镇完小任教的中共党员王敬农和进步青年胡苏光，从外地购买进步书刊，积极向学生和爱国青年传播救亡运动信息，宣传爱国思想。1935年，“一二·九”运动爆发后，抗日救亡运动进一步掀起高潮。王敬农、胡苏光进一步扩大宣传，发动学生和进步青年声援平津学生。

共产党人在固镇的早期革命活动不仅引导了一批进步青年投身革命，而且为固镇一带建立党的早期组织奠定了思想和群众基础。

（二）全面抗战风云

1937年7月至1945年8月，固镇人民经历了8年的全面抗击日本侵略者的自卫战争。

1938年，日军侵入曹老集、新马桥一带，当地群众纷纷组织“红枪会”抗日保家。李文宗在官沟一带三次组织抗日游击队抗击日军。1938年秋连城人徐崇富经组织派遣，随盛子瑾、江上青赴皖东北，任安徽省第六专署特务支队队长，1940年任四纵队十二团团长，1942年任泗五灵凤县县长，对开辟固镇路东抗日游击区发挥了重要作用。

1941年，中共党员郑良瑞等在宿灵边区组建抗日联庄会、宿灵边工委、宿灵县委。1942年春，沱南成立中共张堂党支部。

1942年起，中共宿灵县委、宿灵县政府在固镇以北建立沱南、界沟区委、区政府和乡级政权；中共泗五灵凤县委、泗五灵凤县政府在固镇以东建立浍北、路东、濠城区委、区政府和乡级政权；中共宿怀县委、宿怀县政府在固镇路西建立路西区委、区政府和部分乡政权。到抗战结束时，固镇周围各游击区已建立起6个区委40个乡村党组织以及若干区、乡政权，抗日武装也发展到6个区队40个乡队，群众组织也普遍建立和发展起来。

在抗日战争期间，固镇人民作出了重大牺牲，有数百名干部、战士在战争中以身报国。

（三）固镇解放

抗日战争胜利后，国民党反动派在美帝国主义支持下，顽固地坚持内战、独裁和卖国政策，疯狂地掠夺抗战胜利果实。

1945年8月下旬，日军刚刚投降，国民党军一三八师就抢占了固镇、任桥等铁路沿线和槐巷、濠城、沱河集等重要据点，并将固镇境内的伪军全部收编。他们以上述地方为依托，肆无忌惮地挑起事端，制造摩擦事件，对解放区大肆骚扰。在国民党反动派的进攻面前，共产党军队及所属地方武装与国民党军展开了针锋相对的斗争，坚决捍卫人民生命财产和抗日战争胜利果实。

1945年9月5日，国民党灵璧县政府迁至固镇，泗县政府也逃亡到固镇，这使得固镇一度成为灵璧县的政治、经济、文化中心。

1946年6月，蒋介石撕毁“双十协定”，大举进攻解放区。9月，在国民党军队大兵压境，共产党军队主力实施战略转移的情况下，固镇周围各解放区人民政权先后撤退。白色恐怖重新笼罩固镇达两年之久，但固镇境内这一时期仍有中共地下工作者顽强坚持斗争。

1948年11月，淮海战役打响，在这场历时66天的战斗中，固镇全境得到解放，成立固镇市。在党和政府的领导下，固镇人民掀起了轰轰烈烈的支援淮海战役和渡江战役的支前运动。固镇人民累计捐献粮食400多万斤，转运粮食700多万斤，柴草600多万斤，2700多人为主力部队带路送信，同时，还修复了30多里的铁路，搭建了9座浮桥，为全国解放作出了巨大贡献。

二、红色文化之人物篇

（一）欧明海：文武双全的抗日英雄

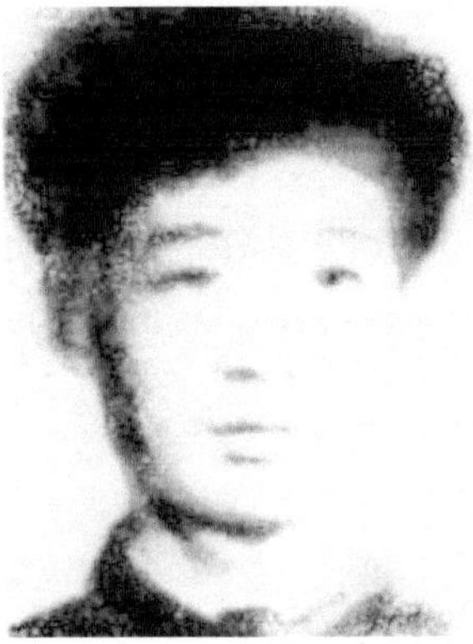
欧明海

欧明海，1914年出生于安徽固镇县任桥镇清凉村一贫农家庭，从小天资聪颖，学习刻苦，考试总是名列榜首，但终因家中贫苦、生活不支，只勉强读到小学毕业。虽然失学了，但欧明海仍苦读不辍。他经常从乡间亲朋邻里处借一些书来读，《三国演义》《水浒传》《精忠说岳》……只要能搜罗到的，他都想法借来读。后来，他又翻箱倒柜地把曾从事革命工作的祖父欧玉佩珍藏的《新青年》《工人周刊》《共产党宣言》等拿出来没日没夜地读。由于涉猎群书，知识面广，文笔又好，还有扎实的武术功底，擅打抱不平，敢作敢为的欧明海深得家乡青少年的爱戴。

1938年，日本侵略者的铁蹄踏入淮北大地，广大人民群众不仅成为亡国奴，饱受屈辱，而且国民党败兵一路抓丁拉夫，掠夺财物，地方土匪也趁火打劫，搜集枪支，成立武装，打着抗日旗号，祸害群众。面对黑暗的现实，同年7月，欧明海在家乡组织起20余名热血青年，举起抗日大旗，集中民枪20余支，活动于铁路沿线、沱河岸边。这时，李文宗、孟子川已经在官沟集组织了抗日游击队。欧明海得知他们是真正的抗日队伍时，便马上带着队伍前往投奔，从此走上了革命道路。

不久，欧明海获悉国民党训练壮丁的队长、叛徒耿安仁带着4挺机枪和10余支步枪到了宿县张圩子地主张兆吉家，华家圩子恶霸地主华绍堂也在那里，便连夜带着队伍前往。他光着脊梁，手提20响匣枪，涉过圩沟，悄悄摸进张兆吉家的院子，只听见屋里麻将牌声响，欧明海带领一班人迅速冲进屋里，大喝一声："不许动！谁动就打死谁。"耿安仁、华绍堂刚想伸手摸枪，就被欧明海一一击毙，并将其枪支、弹药全部缴获。

后来，李文宗以欧明海部为基础，很快组织了一支五六十人的抗日武装，与沈连成组织的另一支中队合并成立新四军宿东独立团（后编入新四军第四师）。这支队伍在张爱萍、张震的领导下，活跃在铁路沿线打击日寇。欧明海在抗日队伍中任侦察队队长。秋天，他带领侦察队先后拔掉宿县华家圩子华盘九、八里集卜宪贵的维持会，杀了八里集土匪头子赵存修，逮捕了日伪"爱护村"村长田清杰。不久，田清杰之兄田清郎探得李文宗和欧明海带领10余名侦察队员夜住任桥集，便让邹学良带领地主土匪武装300余人企图围歼侦察队。欧明海沉着机智，率领侦察队巧妙突围，无一人伤亡。

1941年，欧明海被调到淮上行署敌工科工作。他通过各种渠道，和伪军中上层人物沟通关系，在任桥、仲兴、长安集等日伪据点争取伪方人员，终于开辟了一条100多里长的交通线。6月，新四军第四师和地方干部近2万人顺利穿越了敌人严密封锁的铁道线，没有损失一人一枪，创造了大部队安全转移的奇迹。

1942年初，他带领突击队配合郑良瑞的县大队一举拔掉清凉集伪政权，枪决了反动集长王大庭，争取了仲兴集长孟跃亭、长安集长桂兰田，把界沟以西地区全部控制在抗日民主政权手中。此时，沱南区成立，欧明海调任沱南区中队队长。

1943春，他带领区中队夜闯唐南集，枪杀了伪集长、汉奸沈兰亭；3月，又在清凉乡小高庄枪决了流氓、汉奸王清云、高清祥、张克瑾，与公安科科长徐波一起捕获国民党驻任桥集的张仁斋等三个特务。1943年下半年，固镇至宿县铁路沿线的日军不仅频繁换防，而且加大了对新四军的打击力度。由于对日军的兵种、番号、武器装备和兵力部署不掌握，新四军第四师处于被动挨打的局面。为获取日军准确的情报，7月初，四师首长要求敌工部去抓两个日军军官回来。当时，日军守备非常严，如果说抓两个汉奸、伪军，甚至抓两个日本兵，是没有问题的，但抓要日军军官，则是非常难的事。四师敌工部经过研究，决定让欧明海来执行这个艰巨的任务。欧明海接到任务后，通过关系，很快获悉日军铁道道班段长乘人力车外出查道的情报，即率区队于宿县王巷北侧将其活捉。但是，这个段长虽然是日军军官，却只掌握铁路上的事，对日军布防并不清楚。敌工部要求抓一个日军战斗部队的军官回来。欧明海经过近三个月的侦察和等待，终于在9月得到了驻唐南集日军小队队长瓦果义要去看戏的情报。于是，欧明海利用日军一小队队长去稿沟赶集的机会，带领李绪功、韩咏英等同志化装成百姓，混入人群中。在街上，他们发现4名伪路警在小学门前站岗，断定日军小队队长肯定在里面，便直奔学校而去。这时，伪集长朱文彩迎面喝问：“干什么的？太君在里面吃饭，不准进！”李绪功举枪打死朱文彩，又打死两名路警。日军军官翻过院墙逃走，欧明海、李绪功紧追，向天开枪，最终将其活捉。欧明海连捉日军，声名大振，令敌人闻风丧胆。人民群众亲切地称他为“欧老虎”。沱南民间至今还流传着“非虎似虎欧老虎，英雄虎胆有计谋，敢拔据点维持会，日军破胆伪军哭。欧老虎，无行踪，鬼子见了都心惊”的民谣。

1944年春，欧明海升任沱南区副区长兼区队长。9月29日，欧明海和区长王瑞峰带领突击班攻打桥集据点时头部中弹光荣牺牲，时年30岁。

为纪念这位抗日英雄，1987年4月5日，中共固镇县委、县政府在城西公园为欧明海建墓立碑。

欧明海烈士之墓

（二）李文宗：刚正不阿的抗日秀才

李文宗

李文宗（1882—1941年），字鸿儒，原名李明德，固镇湖沟镇岳王村小李庄人。李文宗少年时家贫，父亲早故，他与母亲相依为命。1900年，18岁的李文宗一举考中秀才，后开塾馆教书。他为人刚正不阿，威望极高，村里村外的人们有难事都会找他调解。他“誓死不当亡国奴”，1938年5月，走上革命道路，组织起200余人的抗日保家队伍，成就了安徽省革命史上唯一一支“秀才游击队”。他们利用青纱帐打日伪、抓土匪，特别是组织精明强干的小分队七次袭击任桥火车站、两次袭击西寺坡火车站的日伪军据点，影响颇大。1939年春，孟子川把李文宗及其队伍带到宿县时村，编为六抗三支队七大队三中队，成为中国共产党领导下的正规抗日部队（后编为新四军九旅二十七团一营三连）。在参加宿县栏杆、苗庵、塔桥、迭路赵、黄岭和灵璧县傅圩等地的战斗后，李文宗和孟子川又奉命返回官沟集一带组织起另一支近60人的武装，与沈连成同期组建的队伍合并成立新四军四师宿东独立团，由沈连成任团长。李文宗因年纪大，不宜带兵，就任参议，被尊称为“李老文”。1941年5月，为加强宿东地区的军事力量，组织动员年近花甲的李文宗到根据地工作。但李文宗谢绝了组织的照顾，决心战斗在第一线。1941年11月，新四军第四师派参谋长张震到宿东视察工作。次日拂晓，突然遭到分乘11辆卡车、数倍于己的日伪军袭击。李文宗在掩护首长转移的战斗中身中数弹，壮烈牺牲。40年后，任国防大学校长的张震，亲笔书写“李文宗烈士之墓”的碑铭，以寄托对烈士的哀思。

（三）徐介藩：投笔从戎的开国少将

徐介藩

徐介藩，1901年出生于今安徽省蚌埠市固镇县石湖乡徐祠村。1919年，读小学期间，徐介藩就组织高年级学生上街游行示威，声援五四爱国运动。1921年安庆发生“六二惨案”后，徐介藩曾被推举为安徽省学生联合会总会理事长，成为安徽学生运动领袖。1925年，徐介藩考入黄埔军校，成为黄埔三期步兵队学员，黄埔军校毕业后转入广州航空学校学习。1926年加入中国共产党，同年赴苏联入列宁格勒红军航空学校学习。1928年转入莫斯科东方劳动者共产主义大学学习，曾在共产国际东方部工作。1931年参加苏联红军，担任过作战参谋、科长，参加了苏联卫国战争。1948年回国，任中共中央东北局编辑局俄文编辑，并出任《毛泽东选集》俄文总编辑。1949年底，毛泽东访问苏联，他与同事一起以最快的速度将中央领导讨论的文本翻译成俄文并由他亲手打印出来，为《中苏友好同盟互助条约》的顺利签署作出了重要贡献。1983年，在北京病逝，享年82岁。

（四）欧兴田：守护英魂终不悔的“中国好人”

欧兴田，1925年出生在蚌埠固镇县，1939年参加革命。抗战时为了打通固镇一带交通线，欧兴田所在的尖刀班“虎口拔牙”，硬是在敌占区撕开一条百余里长的“安全走廊”。但尖刀班每天都面临着生死考验，为此，欧兴田和战友们订立了一个生死约定——“谁要是活下来就要为死去的战友守陵！”后来，班长牺牲了，副班长牺牲了，欧兴田的腰脊椎、两根胸肋也被子弹打断，最终全班只剩他一人幸免于难。1981年12月，欧兴田离休。他带着当年的承诺回到了曾经战斗过的地方。为了寻找烈士遗骨，老人走了近千公里，遍访知情人……包含同班战友在内的2400余具烈士的遗骨，都被他小心翼翼背回“家”，安放在自己辛辛苦苦牵头筹建的烈士陵园里。1991年春，欧兴田和老伴一起住进了陵园，从此不曾离开。2010年3月，欧兴田的老伴去世，留下他孤零零地守在陵园里。儿女们劝他回家，他不为所动：“我这把骨头就丢在这里了，我要好好陪陪这些老兄弟……”2016年3月26日，这位抗战老兵走完了自己的一生，享年91岁。临终前他把看护烈士陵园的接力棒交给了自己的孙子欧阳，并特别交代家人：生为战友守墓，死与战友同眠，把骨灰撒在烈士陵园里……

欧兴田

三、红色文化之故事篇

（一）固镇首捷

1912年1月1日，中华民国临时政府成立，孙中山在南京宣誓就职，共和政体在中国诞生。为扑灭革命火焰，清军大举进犯各省革命军，原江苏提督张勋则沿着刚全线通车的津浦铁路南下，企图一举摧毁新成立的中华民国临时政府。

孙中山亲自制定了“六路北伐”军事计划。1月21日，北伐军在广东北伐军总司令部召开会议，确定作战计划。广东北伐军在姚雨平的率领下渡过长江，1月23日到达蚌埠火车站，浙军和镇军等北伐军队也冒着风雪抵达蚌埠。

1月21日，清军张勋主力部队由徐州沿津浦铁路南下，攻占宿州、固镇、新马桥。1月25日，镇军葛应龙部在新马桥以南集结，与张勋夺占新马桥的先头部队对峙。

广东北伐军敌前总指挥林震奉命率一个团兵力，乘火车由蚌埠火车站连夜北上新马桥参加战斗，新马桥清军难以抵抗，放弃阵地仓皇北撤。

清军张勋部在新马桥北，以固镇为依托建筑防御工事，布防3000余人的兵力。粤军以铁路左侧为广东北伐军作战区域，攻击敌人右翼；以铁路右侧为镇军葛应龙支队作战区域，攻击敌人左翼。两军分路协同行动，向固镇推进。

1月27日早上7点，战斗在新马桥以北十里地方打响。清军节节败退后，在浍河以北据守防御。广东北伐军和镇军冲过浍河，清军仓皇乘火车向西北逃窜，北伐军浴血奋战，取得固镇首捷。

粤军阵亡将士墓，又称粤军殉难烈士墓，位于江苏省南京市莫愁湖西岸，墓内安葬民国初年北伐固镇、宿州、徐州牺牲的粤军烈士，初建于1912年秋，后多次修葺

1月28日，孙中山收到“固镇首捷”的捷报后，立即以临时大总统的名义发去贺电：“广东北伐军司令姚雨平、协统林震鉴：闻我军昨夜得胜，追敌数十里，足见士卒用命，深堪嘉许。总统孙文勘。”孙中山派黄莘田为总统犒军特使，携带慰问品赴固镇前线慰问参战部队。1月29日，孙中山在南京总统府接见从前线归来的各军代表。大总统的贺电、特使的慰问和孙中山的接见，让北伐官兵受到极大鼓舞，全国人民对北伐的支持力度空前高涨。

2月2日广东北伐军由固镇向北推进；2月3日占领宿州；2月11日光复徐州；2月12日清宣统皇帝爱新觉罗·溥仪宣布退位，中国两千多年的封建君主专制制度从此结束。

（二）小秦家会议

张 震

1941年5月，新四军第四师东撤后，宿东不仅成为东西交通的“咽喉”，而且变成皖东北的西大门，地理位置非常重要。后来，中共宿东地委在这里成立宿东游击支队，常驻仲兴集和大、小秦家一带。

1941年11月，新四军第四师师长彭雪枫派师参谋长张震到宿东视察工作。11月18日，张震到达宿东后决定召开一次宿东地区党政军负责人参加的联席会议。

联席会议在小秦家秦立本家召开，参加人员有宿东地委书记谢邦治，宿东游击支队队长姚运良、支队政委周启邦，宿灵县委书记姚克等地方党政军负责人。会上，张震强调指出：宿东战略地位特别重要，形势严峻，在宿东战斗条件艰苦，任务光荣。大家来自不同的地方，要相互尊重，相互帮助，要团结一致，共同对敌。为协调部队和地方关系，会议决定在宿东游击支队和一区之间成立行政工作委员会，具体研究解决部队和一区的有关问题。

午夜12点，会议结束后，张震和游击支队、宿灵县委负责人一起经车郎湖转移到芦岭附近的盛圩子（今属宿州市）宿营。次日凌晨，突然遭到由西寺坡、门东李出发的分乘11辆卡车的日伪军袭击。支队参议李文宗、警卫连长石守良等20多名干部、战士壮烈牺牲。

小秦家会议对巩固和发展宿东地区，尤其对发展宿灵边区具有重要意义。它密切了宿东地区的军政关系，提高了部队战斗力，加强了宿东和路西的联系，为发展路东和恢复路西打下了基础。

（三）固镇光复

1937年7月7日，日本发动全面侵华战争。1938年2月初，日军入侵江淮，大举进攻淮河防线，中国军民进行了英勇的抵抗，沉重打击了日本侵略者。5月19日，日军第三师团森田联队通过施放毒气迅速占领固镇，津浦铁路固镇站被日军控制，成为日军重要的军事运输线。日军驻扎固镇期间，成立伪政权，大肆逮捕爱国群众和革命志士，对固镇人民进行残酷统治。

固镇沦陷后，中国共产党在津浦铁路沿线广泛发动群众，在河南、安徽、江苏三省交界地区建立淮北革命根据地，开展了艰苦卓绝的敌后抗战，给日本侵略者以沉重打击。1945年8月14日，日本政府正式照会中、美、英、苏四国政府，表示接受《波茨坦公告》；15日，天皇广播《终战诏书》；9月2日，日本政府代表在投降书上签字。9月24日下午3时，在蚌埠举行中国第十战区接受苏皖境内（徐海区）日军投降仪式；9月28日，日军第七十师团大部集中在固镇火车站附近向中国军队缴械投降，国民政府灵璧县政府接管固镇，固镇光复。

（四）决胜淮海

1948年秋季，中国人民解放军在全国各个战场上的胜利，使中国的军事形势进入一个新的转折点，战争双方的力量对比发生了根本变化。

1948年11月初，人民解放军华东野战军和中原野战军联合发起第二个战略决战性的战役——淮海战役。11月22日，军委和淮海前线总前委根据战场形势，确定第二个歼击目标是由蒙城地区向宿县孤军冒进的黄维兵团，决定以中原野战军七个纵队和华东野战军两个纵队，围歼黄维兵团于浍河南北地区，以华东野战军主力分别阻击徐州、蚌埠可能出援的国民党军，确保围歼黄维兵团之战。黄维兵团由四个军、十一个师和一个快速纵队组成，是蒋介石的“嫡系”，国民党数百万军队中的“王牌”。

12月4日，驻扎在蚌埠的李延年、刘汝明兵团为救黄维兵团倾巢出动，解放军增调中野第二纵队、华野渤海纵队第十一师以及豫皖苏军区三个团、豫西军区两个团赶往蚌西北参加阻击李延年兵团的作战。

为配合中原野战军全歼黄维兵团于濉溪县双堆集，华野渤海纵队第十一师等部队在曹老集、新马桥津浦铁路沿线，高老家、周家口正面70余里，纵深40余里，阻击由蚌埠北上增援的国民党军李延年、刘汝明两兵团。

炮火连天，硝烟弥漫。一场东起徐郢、西至古城、南至曹老集、北到张集的宽70余里，纵40余里的蚌西北阻击战打响了。战斗中，华野渤海纵队第十一师等部队利用反突击战术，同敌人搅成一团，让敌机无法发挥作用。战士们子弹打光了就拼刺刀，刺刀拼断了就用石头砸，牢牢钉在阵地上，用血肉之躯，把敌人阻挡在阵地前。

在蚌西北阻击战新马桥战场，中原野战军某部一连坚决阻击由蚌埠增援双堆集战场的国民党军辎重部队。一连连长苏书祥，战士张良信、杨书林、郭立东等108名解放军壮烈牺牲，用生命和热血把敌人阻击在新马桥铁路沿线。

12月15日，解放军全歼黄维兵团于双堆集，进攻之敌李延年、刘汝明部向蚌埠撤退，蚌西北阻击战胜利结束，固镇全境解放。

人民解放军在蚌埠、固镇、怀远、五河人民的大力配合下，浴血十几个昼夜，付出巨大牺牲，坚决阻击来犯之敌，为战役第二阶段全歼黄维兵团、第三阶段全歼杜聿明集团，破解国民党所谓“一点两线”防线，提供了有力保障。

1949年1月10日，淮海战役胜利结束。战役期间固镇人民在通往前线的道路上设立了茶水、热馍供应点，供应过往部队。在王洲、窖湾、新马桥、九湾等处修桥9座，搭浮桥12座，给主力部队带路送信27000人次，捐献门板、木材等2300余件（块）。解放军在石湖、湖沟等地设简易战地医院，转送重伤员20余人，治愈重返前线轻伤员30余人。

四、红色文化之基地篇

（一）津浦铁路固镇站遗址公园

津浦铁路固镇站遗址公园经过多年的建设和修缮于2021年7月正式向社会开放。这座固镇百年老火车站位于安徽省蚌埠市固镇县城关镇黄园路南端，京沪铁路固镇段南侧1912年1月投入运营。固镇老火车站旧址整体为“山”字形建筑，由售票厅、候车室、候车区、办公区等组成，现存建筑面积约380平方米，有东西向房屋一排，南北向房屋三排。其中东西向房屋为火车站主体建筑，面向铁路线，东西长25.5米，南北宽8.1米，双坡陡屋面、深檐口，外露木构架、砖砌底脚等，是典型的英式建筑风格；其余三排房屋位于此房南边，前后均开窗。

津浦铁路固镇老火车站一直是连通蚌埠与宿县交通的主要中转站，是固镇及周边地区人员往来、农产品运输、文化交流的中心，1972年停用。

站内候车区

固镇自古以来就是兵家必争之地。1912年，随着津浦铁路全线通车，其战略位置更加凸显。

近代以来，包括固镇老火车站在内的津浦铁路固镇段沿线多次成为决定中国历史走向的决胜之地。民国初立，南方革命党人出师北伐，在固镇、宿州大败清军，促成南北议和，清帝逊位。国民大革命时期，革命军发动蚌埠战役，击溃孙传芳安国军，克复蚌埠、固镇，为二次北伐和实现中国形式上的统一开辟了胜利的道路。抗战时期，日军占领固镇老火车站，并控制津浦铁路。固镇人民坚持武装斗争，与全国人民一起取得了抗日战争的伟大胜利。解放战争时期，在中国共产党的领导下，人民解放军在固镇一带成功实施了艰苦卓绝的蚌西北阻击战，为淮海战役和中国革命的最终胜利作出了重大贡献。

在津浦铁路上，像固镇老火车站这样功能基本齐全、保存较好的铁路站点并不多见，有很高的保护和纪念价值。2018年，固镇县出资，把津浦铁路固镇站旧址打造成了爱国主义教育基地、红色旅游基地、津浦铁路文化发展变迁的展示基地。

津浦铁路固镇站遗址公园分为津浦铁路固镇展示馆、津浦铁路史文化长廊、固镇县抗战纪念馆、火车实物展示区等，全方位、全过程、全景式展现固镇老火车站的百年发展历程。

津浦铁路固镇展示馆

津浦铁路史文化长廊位于固镇老火车站北侧，通过图文展板展示津浦铁路的修建始末。1911年9月，津浦铁路南北分段通车；1912年，全线竣工通车。津浦铁路通车后，将河北、山东、安徽、江苏等地连接起来，成为中国东部最重要的南北交通命脉，对推动以蚌埠、固镇为代表的沿线市镇的兴起与经济社会发展发挥了重要作用。

1937年7月7日，日本发动七七事变。1938年2月至5月间，日军入侵江淮地区，遭到中国军民的英勇抵抗。1938年5月19日，日军第三师团森田联队通过施放毒气迅速占领固镇，固镇老火车站被日军控制。日军占领期间，成立伪政权，逮捕、迫害爱国人士。

（二）淮北西大门抗战烈士陵园

淮北西大门抗战烈士陵园，位于固镇县任桥镇清凉村。陵园占地22亩，数百个刻有知名烈士姓名的墓碑形成错落有致的碑林；20多座烈士墓整齐排列，均已勒碑立石，供后人凭吊。整个陵园内长眠着2400多位英烈。园内保存着张震上将当年使用过的马鞭、谢邦治将军珍藏几十年的文件包、张爱萍上将当年留下的一床粗布被、新四军在清凉村的老照片等珍贵文物及10多位老将军的题字。陵园已成为固镇县及周边地区干部群众，特别是未成年人接受爱国主义和革命传统教育的基地。2005年淮北西大门抗战烈士陵园被命名为“固镇县爱国主义教育基地”，2006年、2012年被命名为“蚌埠市爱国主义教育基地”。

抗战时期，以清凉村为中心方圆百里是苏皖边区唯一一块没有建立伪政权的地方，成为共产党沟通东西的交通要道，彭雪枫、张爱萍、张震等一大批抗战名将都曾在这里留下战斗足迹。彭雪枫师长称它为“淮北西大门”。抗日战争胜利后，当地政府就在清凉村修建了淮北西大门抗战烈士陵园。淮海战役期间，陵园毁于战火。到20世纪80年代，抗战老兵欧兴田，怀着对昔日战友的眷眷之情和对先烈的缅怀敬仰之意，开始筹建并守护地处偏远的任桥镇清凉村淮北西大门抗战烈士陵园。为筹建修陵资金，欧兴田老人拖着病躯，背上干粮，北上京城，南下上海，东到青岛，西去兰州，在老领导、老战友和政府的帮助下，重建淮北西大门抗战烈士陵园的愿望终于实现。之后，欧兴田老人历时两年半、行程近千公里，背回烈士遗骨安葬于此，为烈士们建立了档案。

淮北西大门抗战烈士陵园

（三）固镇县博物馆

固镇县博物馆，是蚌埠市爱国主义教育基地。全馆以固镇地区的历史沿革为时间轴共分为四个部分，分别介绍了史前时期的固镇地区，秦汉时期的固镇地区，秦汉以后到隋唐元明时期的固镇地区，以及清朝尤其是清末到民国再到中华人民共和国成立整个固镇的历史沿革。博物馆内的红色资源主要集中在第四部分，该部分以“革命洪流”“浴血抗战”“决胜淮海”“盛世新篇”四个板块回顾了发生在固镇这片红色土地上的重大历史事件，以及固镇籍英烈的生平事迹。

近年来，固镇县博物馆先后举办了如《侵华日寇的固镇印记专题展》《“勿忘九一八，还有固镇这段抗战记忆”图片展》《徐介藩将军资料展》《9·18事变纪念日图片展》《文物与图书的约会——日军侵占固镇罪证专题展》等一系列爱国主义主题教育展；组织开展文博知识进校园等活动，把中小学学生群体纳入博物馆社会教育体系；举办形式多样的中小学生主题参观教育活动、博物馆志愿者活动和送临时展览、巡回展览到乡村、军营和社区活动。博物馆成为对广大群众和青少年进行爱国家、爱家乡教育的重要场所和生动教材。

固镇县博物馆“通津达浦 走向胜利”展区

第四章　五河篇

五河县地处安徽省东北部的淮河中下游，东邻江苏省泗洪县，西与固镇、蚌埠市区交界，南隔淮河与嘉山（今明光市）、凤阳相望，北同泗县、灵璧接壤，境内因有“淮、浍、漴、潼、沱”五条河流交汇于县城，故名为五河县。

五河县历史悠久，人民富有革命传统。南宋咸淳七年（1271年）五河建县，地处淮泗之间，居南北要冲，自古以来，即为兵家必争之地，历史上这里曾发生过许多次激烈的战事。

1840年，鸦片战争爆发，随着清朝的战败，一系列丧权辱国的不平等条约也紧跟而来，中国从一个主权和领土完整的国家，逐步成为一个半殖民地半封建性质的国家。1911年辛亥革命爆发，虽然推翻了腐朽的清政府，结束了中国两千多年的封建君主专制制度，但并没有改变社会现状，人民依然生活在困苦之中。由外国列强扶持的军阀混战，给中国人民带来更加深重的灾难，社会矛盾进一步加深，人民渴望改变社会现状和生活状况的愿望更加强烈。五河这个淮河岸边的“水乡泽国”，自古便十年九灾，资本主义和封建军阀的疯狂盘剥和压榨激起了人民的反抗，为推翻三座大山的压迫，人民不断开展反帝反封建斗争。虽然这些斗争最终都以失败而告终，但为后来中国共产党在这里建立组织，开展革命活动打下了基础。

一、红色文化之历史篇

五河是较早建立中共党组织的县。五河人民富有光荣的革命传统，早在1927年，就有热血青年中共党员王亚箴在其家乡界沟创建了五河县第一个中国共产党支部，并在1930年参与组织、领导了著名的石梁河农民武装暴动。1932年，五河地区更有高小闩、牟庆丰、袁瑞生、赵三姐等一批革命先驱，为了劳苦大众的解放事业，被俘后在南京雨花台献出年轻生命。在全面抗日战争时期，五河英雄儿女在中共党组织的动员组织下，踊跃参加八路军、新四军，奋起抗击侵华日军，有563人为国捐躯。在解放战争中，五河人民全力支援淮海战役，五河子弟兵随解放大军转战江南各个战场，其间又有574人光荣牺牲。五河人民在中共五河地方党组织的领导下，经过20多年艰苦曲折的奋斗，既解放了自己的家园，又为全国的解放事业作出了英勇的贡献，与全中国人民共同赢得了新民主主义革命的伟大胜利。

（一）五四运动及国民大革命时期的革命火种

1.五四中的伟大觉醒：声援五四运动，开展抵制日货斗争

1919年，震惊中外的五四运动在全国范围内点燃了反帝反封建的熊熊烈火。五河的教师、学生闻讯立即起来响应，掀起了反对帝国主义的爱国热潮。1919年5月6日，巴黎和会外交失败的消息由北京传到怀远、蚌埠、五河。五河县的第一、第三高小以及第七区区小，1000多名师生响应声援，联合罢课。沈献璜、孙差夫、蔡国庆、刘万和、张聘生等8名学生以学生联合会的名义组织学生举行游行示威。五四运动爆发时期，五河县三铺、四铺等地，在外地学习工作返乡青年欧仲华、张耀宗、顾君正、李子光赶回家乡，在家乡开展声援示威，并组织纠察队负责检查集镇、街道的日货，查销日货，还定下乡约，不得进销日货。工人、农民、市民纷纷加入反帝爱国运动行列。6月3日，五河近郊农民自发组织2000多人的

游行队伍，高呼“打倒日本帝国主义!”“严惩卖国贼!”等口号。五河县城多地开展抵制日货斗争活动，查缴日货，当众销毁。五河是水运交通枢纽，很多进货码头是进货停靠点，纠察队组织人员检查商家进货，凡是被查到的日货，一律扣押销毁。纠察队工作态度坚决，检查力度大，影响了很多商家，他们纷纷加入抵制日货的行列。抗日烽火以特殊的形式展开，为五河人民开展爱国运动树起一面旗帜。群众基础好，也为共产党后期以此为根据地进行游击战做好了铺垫。五河人民用自己的实际行动有力支援全国的爱国运动。城关镇小学生严仲黄，发现自家经营店有日货，不顾父母责骂，主动销毁；泗县张圩村大地主张海秋从上海进日货1400块银元，途经五河码头被稽查，全部被没收。五河人民的爱国运动彻底、坚决、迅速，是一个时代的缩影。

2.军阀混战中的五河

军阀割据时期，奉系军阀张作霖派兵进占徐州，经过蚌埠南下。1924年12月28日奉军来到五河，四处抢劫。面对穷凶极恶的军阀，百姓愤恨不已，但又无可奈何。新旧军阀割据混战中，五河成为牺牲品。1927年，孙传芳的直鲁军阀占据五河，国民党委任的官员仓皇出逃。五河在“城头变幻大王旗”的乱世中，忍受“国破山河在，城春草木深”的凄凉与惨淡。为了结束军阀割据的局面，五河人民在北伐过程中，积极配合北伐军过境。北伐第二、第六军与直鲁两支部队交战，败退中直鲁军队想把抢到的物资运出五河。在此过程中，五河知事不甘心五河人民遭此劫难，巧妙使用策略，伪造北伐军电文，让地方武装化装成北伐军进军五河县城，并在城外将鞭炮装入铁桶，冒充机关枪，直鲁军队不明真相，逃往泗县，五河人民用自己的智慧保全了财产。直鲁军队撤离后，军阀残余招安队自称三十三军先遣队以驻防名义入驻五河，抢夺商铺。1927年5月28日，国民革命军李宗仁的第三路军叶开鑫部自临淮关东进，进入五河，解除招安队，成立五河县政府，任命陆念祖为县长。

3.建立地方组织，开始走上革命道路

国共合作破裂后，革命斗争走向低潮。在八七会议之后，五河基层组织在全国混乱状态中找到了前进的方向。

北伐战争爆发后，一批在外地求学的五河学生，把《共产党宣言》《新青年》等进步书刊带回家乡，在教师、青年学生中传播马列主义，灌输革命思想。1927年8月，王亚箴在家乡界沟建立了五河第一个中共支部。不久，临北、地理所、五河城关也先后成立了党的组织。在党的领导下，回乡学生在县城成立了“旅外学生会”和“樱花读书会”，学习马列著作等进步书刊，研讨革命理论，寻求救国之道；在农村组织了“牛头会”“光蛋会”等农民协会组织，对封建土豪劣绅、地主开展“减租减息”“增加雇工工资”等斗争。

（二）抗战中艰难前行

1930年，在中共徐海蚌特委领导下，界沟周围的党组织发动了石梁河农民武装暴动。暴动虽然因缺乏经验和敌我双方力量悬殊而失败，但狠狠打击和震慑了国民党的地方统治，在石梁河两岸乃至五河、泗县两县之间的广大地区，播下了革命的火种，使广大人民受到革命洗礼。

1930年10月，中共徐海蚌特委撤销，改为徐州、海州、长淮三个特委，五河的党组织改属中共长淮特委领导。1932年4月，中共长淮特委根据江苏省委关于实行土地革命、建立农村革命根据地的决定，在临北尤巷召开特委会议，传达上级指示精神，决定8月1日举行工农联合武装暴动。在各地党组织积极准备之际，中共长淮特委军委书记刘小平叛变，中共长淮特委和五河地区的党组织遭到严重破坏。五河建立起来的中共界沟区委和临北区委及其所辖的四个支部的党员有的被捕，有的外出隐蔽。至此，五河地区的革命活动转入低潮。

1937年，日本帝国主义蓄意制造卢沟桥事变，悍然发动了全面侵华战争。国共两党实行第二次合作，组成了抗日民族统一战线。中共安徽省工委通过“省民众总动员委员会”的合法形式，派江上青等一批秘密共产党员，于1938年秋随国民党皖六区专员盛子瑾进入皖东北。江上青秘密成立了中共皖六区公署特别支部。从此，五河地区的党组织在皖六区公署特支的领导下开始恢复和发展，抗日救亡运动也很快蓬勃开展起来。五河全县人民与日本侵略者进行不屈不挠的斗争，并以广大农村为依托，以纵横的河湖作屏障，开辟了抗日民主根据地，创建并发展了中共地方党组织和抗日民主政权。

1940年2月，国民党皖六区专员盛子瑾，因与共产党合作抗日，被国民党安徽省当局以“赤化罪”通缉，盛子瑾迫于压力从皖东北出走，投奔苏北国民党李明扬部。从此，中共皖东北党组织开始了独立自主地承担领导皖东北抗日的重任，并逐步使淮河以北，陇海铁路以南，津浦铁路以东，运河以西广大地区的抗日民主根据地连成一片。在上级党组织的领导下，中共五河地方党组织建立了县、区、乡抗日民主政权和工、农、青、妇群团组织，在建立县、区、乡三级地方抗日民主政权的过程中，坚决贯彻党的抗日民族统一战线政策，实行“三三制”原则，团结了一批在地方有经济实力、有威望的人士；同时，发展抗日武装，带领全县人民同日本侵略者进行艰苦卓绝的斗争。1945年8月日本投降时，泗五灵凤县先后建立13个区130多个乡的抗日民主政权，不仅成为皖东北抗日根据地的重要组成部分，而且成为保卫这块根据地的西南重要屏障和前沿阵地。

（三）解放战争胜利前的“重生”

抗日战争胜利后，中共华中七地委决定，把抗日战争时期的泗五灵凤县改名为五河县。1946年5月，中共中央发出《关于清算减租及土地问题的指示》，五河县部分地区开展了反奸清算、减租减息和土地改革运动，天井、五北、沱北、浍南等解放区的贫苦农民，分得了土地、房屋、耕畜、农具等财产。全县人民在中国共产党的领导下，努力发展生产，改善生活，医治战争创伤。但是，国民党不顾全国人民反对，发动了内战，调动重兵沿津浦铁路进犯淮北解放区。中共五河县委、县政府鉴于形势危急，于1946年8月初，带领机关干部和地方武装转移到天井湖东和洪泽湖畔活动，五河遂被国民党军队占领，一大批未来得及转移的干部、军属、积极分子遭到国民党血腥屠杀，白色恐怖笼罩五河大地。

1947年1月，中共华中分局淮北党政军委员会（后改称淮北地委）率淮北挺进支队重返淮北，收复被国民党占领的广大地区。10月开始恢复和重建泗五灵凤县。县委、县政府带领从山东回来的干部和地方上已经组织起来的干部，在分区主力的支援下，从天井湖东岸逐步向西发展。经过10个多月的艰苦奋战，收复了淮河以北、津浦铁路以东、泗县以南、洪泽湖以西的广大农村地区。1948年6月，中共淮北地委改为中共江淮二地委，中共泗五灵凤县委属中共江淮二地委领导。

1948年11月，淮海战役打响，五河军民在县委领导下，积极投入支前工作，架桥铺路，运送粮草，组织担架队，抢救伤员，为淮海战役的胜利作出了贡献。1949年1月10日，淮海战役胜利结束；14日，国民党五河县县长及其政府残部弃城逃往淮河南岸；15日，泗五灵凤地方武装收复县城，五河解放。

二、红色文化之人物篇

（一）王亚箴：淮河岸边革命火种传播者

王亚箴

王亚箴，原名王乃铭，1903年生于界沟集（今属五河县），少年时在当地读私塾。1924年进入宿县省立第四农业中学读书。当时该校共产党地下组织非常活跃，王亚箴接触了进步师生，读到了《共产党宣言》《新青年》等进步书刊，眼界大大开阔，对国家民族命运有了新的认识，坚信马列主义是革命真理，树立了共产主义信念，于1926年在校加入中国共产党。王亚箴入党后在校内积极开展活动，是当时五河地区最早的共产党员，先后介绍同乡同学顾景新（原名顾嗣铭）、张树时、张小鲁等进步学生入党。他们积极支持、拥护国共合作的北伐战争。当时，学校有一批思想守旧的学生，反对北伐战争，被称为国家主义派，双方进行了激烈斗争。王亚箴与张小鲁团结一些进步学生，挫败了国家主义派。王亚箴等人还利用寒暑假机会，把《共产党宣言》《每周评论》《新青年》等进步书刊带回家乡界沟，在知识分子、青年学生中宣传马列主义，传播革命思想。

1926年冬，王亚箴与张小鲁协助中共党员王子玉在泗城文昌宫小学召开党员会议，成立了泗县第一个中共党组织——中共泗县支部委员会，王子玉任支部书记，王亚箴与张小鲁为委员。1927年春，受北伐战争及学潮的影响，省立第四农业中学被迫停课放假，王亚箴受学校党组织指派，回到家乡界沟小学担任校长，和先回来任教的顾景新以教书为掩护，一起深入界沟周边的大营、小营、谭家湖、邓庄等村庄，开展革命活动。他们还联系泗县支部书记王子玉及王克英、王景诚、唐耕山等旅外学生，成立旅外学生联合会、“读书会”，学习研讨进步书刊，探求革命真理。

1930年7月，王亚箴参与组织、领导了著名的石梁河农民暴动，并参与建立了中国工农红军独立师。暴动失败后，王亚箴秘密潜入国民党反动派内部，后遭叛徒出卖，1932年8月在临淮关被捕。后来国共第二次合作，他被释放出狱，在淮北地区长期坚持敌后抗战，是淮北地区敌后抗日斗争和根据地建设的奠基人之一。

1940年，王亚箴任邳睢铜抗日民主办事处主任兼灵北县县长。1942年起，任泗五灵凤县抗日民主政府秘书、参议长、县长，领导人民群众开展抗日斗争，多次粉碎日伪军的“扫荡”。抗战胜利后，泗五灵凤县改为五河县，王亚箴仍任县长。1946年冬，主力部队撤往山东后，他留下来坚持斗争，带领部分武装、干部转战洪泽湖畔。12月，队伍在洪泽湖畔突遭重兵包围，他临危不惧，指挥作战，但终因寡不敌众，壮烈牺牲。

王亚箴烈士是五河县早期革命活动家，从1927年8月组建党的基层组织界沟支部，到成为五河县县长到最后为革命献身，王亚箴烈士平凡的一生，都献给了革命事业。追寻烈士足迹，我们从烈士身上看到平凡中的伟大。

王亚箴烈士把民族独立、人民解放作为终身理想抱负，是先进知识分子探索建立独立、自由、民主国家的先驱者和领路人，是五河县参与革命斗争的行动者的典范。

（二）钱正英、黄辛白：伉俪情深

钱正英，1923年7月4日出生于上海，水利水电专家，中国工程院院士，曾任中华人民共和国水利部部长，第七、八、九届全国政协副主席。1942年10月，钱正英等5名中共地下党员从上海撤退到淮北解放区的泗县半城镇。这里是新四军第四师师部所在地。钱正英等一行人在这里受到了热烈欢迎，新四军第四师师长彭雪枫、政委邓子恢亲自接待了他们。在座谈中，钱正英遗憾地说：“我的专长是土木工程，只因生不逢时，才放弃了科学，投身革命。”彭雪枫立刻安慰道：“将来解放区也要建设，你还是有机会当工程师的。”

钱正英

很快，这些知识分子都成为新四军战士，领到了崭新的军装，换下了原来穿着的旗袍、套装、大衣、皮鞋等。不久之后，日军开始对淮北解放区进行“扫荡”，钱正英等5人被编成一个班，跟随师政治部机关干部一同计划跳出敌人的包围圈，转移到淮南解放区去。他们每天隐蔽起来打游击，连夜行军。钱正英虽然只背着自己的背包、挎包和干粮袋，在腰间别着两颗手榴弹，但是连日以来的紧张和疲惫已经让她吃不消了。一天晚上，在稻田坡上急行军，由于看不清楚前路，钱正英一连摔了五跤。她回忆起这件事时说：“我越摔腿越软，心越急，只恨自己不争气。”当时还想：“像我这样的人能在这里坚持下去吗？我咬紧牙关，苦苦坚持，总算在火与血的考验中渡过了战争的第一关。”就是这样在一次次犹豫又一次次坚持中，钱正英终于挺了过来。

反“扫荡”结束后，钱正英等人重新返回到半城镇，师政治部主任吴芝圃来看望他们，并嘱咐大家说：“中国人民的绝大多数是农民，中国共产党要领导中国革命就必须解放农村，了解农民。”城市知识分子出身的共产党员，要自觉补好这一课。之后，钱正英主动要求给师部机关里的战士当文化教员，学员中有炊事员、警卫员、勤务员等。钱正英在教他们识字的同时，还积极和他们交朋友。他们也乐于教给钱正英各种有关农村的常识。钱正英感慨地说：“这可算是我在‘中国农村大学’的第一课。”

1943年春节刚过，钱正英被分配到泗五灵凤县的浍南地区（位于泗县、五河、灵璧、凤阳四县的交界地带）办学，担任浍南分校教员兼党支部书记，在学生中建立基层党组织，并教育和动员当地青年参加革命工作。1944年，钱正英被调回半城镇，担任淮北行署水利科科长之职。同年彭雪枫牺牲，淮北区委决定修建一座抗日烈士纪念塔，以纪念彭雪枫和全体阵亡将士，钱正英等人一起参与了抗日烈士纪念塔的修建。

黄辛白

黄辛白（1921—2008年），江苏嘉定（今属上海市）人，钱正英的丈夫，教育家。在解放战争开始时，黄辛白在泗五灵凤县中学任教务主任。由于地委领导的失误，淮北解放区全部被国民党军队占领，广大干部仓皇撤退，损失惨重。黄辛白和学校里的其他同志随军撤到运河东岸后，黄被分配到华中野战军九纵队政治部任秘书。历经种种艰难困苦，部队重新打回淮北，逐步恢复并扩大了解放区。之后他任江淮区委联络科副科长，到国民党军队内部做敌军工作，并几次去上海为军队采购电台设备和药品。有一次被国民党特务发现，他在家人的掩护下紧急转移，摆脱了追捕。

1943年初，黄辛白、钱正英等一批秘密党员和进步青年从沦陷区上海转战淮北抗日革命根据地，被淮北苏皖边区行署分配到泗五灵凤县的浍南地区办学。他们和当地群众及师生一起动手，建校舍、做桌椅，在这所“抗大”式的中学里，处处呈现出朝气蓬勃的景象。钱正英与黄辛白的伉俪情深在中学得以体现，而他们也是五河县革命时期涌现出的英雄代表。

五河县在不同历史时期，涌现出来的可歌可泣的英雄人物和这些英雄人物身上所体现的大无畏的革命精神，是五河人民的骄傲，更是教育后人的宝贵财富。

（三）顾展宏：半生戎马半生寒，拳拳爱国度流年

顾展宏

顾展宏，1932年生，五河县天井人，字瑞书，1944年参加新四军，1949年加入中国共产党，战争年代先后任连长、参谋等职。新中国成立后赴朝作战，1958年回国，任过团长、副师长等职。1981年，被任命为朝中方面军事停战委员会中方首席参谋、驻开城联络处处长。1984年起，在南京外国语学院、国际关系学院任政治部主任。1988年，授少将军衔。顾展宏少将和王亚箴烈士都是天井湖畔走出的革命志士，从小就受到革命洗礼。少时看到地主恶霸欺压乡邻，顾展宏就暗自下定决心，投身革命事业，为建设和平的国家奋斗终身。在和平年代，他投身教育事业，为国家外交人才培养立下汗马功劳。他革命一生，没留下子嗣，并不断捐出自己的工资，资助家乡教育事业的发展。

三、红色文化之故事篇

（一）界沟支部撒火种

五四运动使五河地区的青年学生受到了深刻的爱国主义教育和进步思想的影响，一些人通过对马克思主义著作等进步书刊的学习，并结合参加五四运动的切身体会，逐步认识到工农力量的重要性，认识到要取得革命斗争的胜利，就必须把马克思主义和工农运动结合起来。1926—1928年，五河一些在外地读书时秘密加入中国共产党的学生，带着进步书刊和党组织的重托纷纷回到家乡，积极传播革命思想，秘密发展党员，为筹建党的地方组织作积极准备。王亚箴便是其中一员，他不仅是中共泗县支部的创始人之一，也是中共界沟支部的创始人。

界沟地处五河、泗县交界处，偏僻闭塞，人们对外面发生的事情不甚了解，思想比较保守，通过对进步书刊的学习，信仰马列主义的人不断增多。经教育培养，张步魁、邓凡铭、袁庆彩、韩贤余等8人先后入党，成为界沟第一批党员，为建立中共界沟支部打下了基础。

1927年8月，中共泗县支部书记王子玉赴武汉，向中共安徽省临委汇报工作。根据安徽省临委指示，中共泗县支部扩建为中共泗县特别支部委员会，泗县支部改为泗城支部。同月，王亚箴和顾景新在界沟，组织建立了中共界沟支部，属泗县特支领导，王亚箴任支部书记，顾景新任组织委员。这是五河地区最早建立的中共党支部。

界沟地处五河、泗县交界地带，是两县国民党当局统治薄弱地区。为加强对界沟地区党组织的领导，1928年12月，中共泗县特支决定成立中共界沟区委，由王亚箴任区委书记（后魏正宾接任书记），王亚箴、顾景新分别任宣传委员、组织委员，下辖大魏、邓营、墩集、丁湖、界沟五个支部，共有党员30多人。界沟区委的成立，使界沟周围村庄一度成为五河以北、泗县以南广大地区党组织的活动中心。与此同时，中共临北支部、中共地理所支部、中共五河支部也相继成立。

（二）石梁河农民暴动

1927年下半年至1928年底，五河地区的界沟、临北和地理所不仅建立了中共支部，还建立了两个区委，全县发展党员70余人。在上级党组织领导下，五河地区特别是王亚箴等人所领导的以界沟为中心的农民运动蓬勃开展起来。石梁河两岸农民以农协会为依托，深入开展减租减息、抗捐抗税等斗争。

县委扩大会议分析了当时的政治形势，认为石梁河两岸特别是界沟地区及大、小魏庄的群众已经充分发动起来，应作为暴动的中心，暴动工作由魏正斌、王亚箴、曹化东等人具体指挥。此外，白庙圩、大庄集、马厂、屏山等地，群众也已发动起来，基础较好，在行委统一领导下，同时举行暴动，与石梁河两岸的农民暴动互相策应，协同作战。会后，按照具体分工，各负责人分别进行准备工作。

石梁河农民暴动准备工作正在顺利进行，不料消息却被国民党泗县当局探悉，县长余念慈慌忙召开紧急会议，计划组织重兵镇压，派九区团防局局长丁良辅、副局长袁镜炎带队，准备从界沟向石梁河东“督剿”，派四区团总张元臣率部从上塘集向西“督剿”合围，另派四区自卫队张兴汉、高树屏两个中队武装随时出动，配合“围剿”镇压。

这一军事计划，被中共秘密党员、草沟区行委书记王景诚得知，他立即报告县行委负责人。县行委当机立断，决定把暴动时间提前到7月30日。1930年7月29日，魏正斌首先行动，他通过在国民党团防局的亲属，向该局“借枪”20支，组建了自己的武装。当晚，魏正斌即率暴动人员夜袭霸王城团防局，旗开得胜，缴枪25支。7月30日，暴动武装向石梁河东的大、小魏庄集中，公开宣布暴动。王亚箴从界沟集中数十人，枪7支，杨希龄集中100余人，枪3支，加上魏正斌和戴文生所带领的人和枪以及从地主豪绅处收缴的枪，暴动队伍共有300余人，携枪近百支，另有大刀、长矛、标枪、土炮、子弹若干。暴动武装正在集中时，国民党泗县当局派遣张兴汉、高树屏带领县自卫队，又纠集地主张继舫的武装人员，从仇岗扑向大、小魏庄。魏正斌获悉后立即指挥暴动队伍进行痛击。泗县自卫队一见农民队伍杀气腾腾，英勇顽强，吓得掉头就跑，被农民军追到墩集以西。其第一中队士兵陈德铭在溃逃中被农民军击毙。初战获胜，农民武装军威大振，各村青壮年纷纷主动参军。一些中小地主慑于暴动队伍军威，也主动把家里的枪支弹药交出来。

7月31日上午，暴动队伍兵分两路，从上塘集南边和西边对上塘集团练局进行包围，并采取分化瓦解方法，从内部攻破敌人，缴获长枪25支，子弹500余发。此时，大庄集张子传、陈新然等领导的“棒头会”，正遭到崔集大地主张明甫勾结的双沟常备队和周围几支团练、乡丁围攻。武装暴动领导人何风池、魏正斌等决定，兵分三路包围大庄集。地主武装及常备队先是负隅顽抗，遭到暴动队伍的猛烈攻击后，仓皇而逃。张明甫吓得慌不择路，跳入泗水河逃窜。“棒头会”领导张子传、陈新然被农民暴动武装包围后也宣布带领会员加入石梁河农民暴动队伍。

31日下午，暴动队伍转至魏营、上塘、管岗等集镇。晚上，到达石梁河东岸朱圩、樊杨、陈吕庄宿营。暴动领导人在陈吕庄陈金声家召开会议，整顿队伍，严明纪律，推选各级领导人，正式成立五河、泗县地区第一支工农红军武装队伍。

8月1日上午，队伍在石梁河东陈吕庄学校大操场上，召开有600余人参加的大会。会上魏正斌宣布红军建制，正式公开打出“工农红军独立师”的旗帜。下午，红军队伍先后开往霸王城、任集、丁庄、大邓湾、小邓湾等地，边宣传边发展队伍。8月2日，队伍转移到泗县北屏山，与许华国领导的暴动队伍会师。3日，屏山逢集，行委宣传委员王子玉、王亚箴利用这一机会开展农民武装起义的宣传。在一片开阔的场地上，许华国主持会议，王亚箴站在大桌子上，向赶集的民众进行慷慨激昂的演讲，揭露国民党地方当局压迫剥削人民的罪行，宣传共产党领导工农红军打土豪分田地，建立工农政权，帮助穷人翻身的革命道理。

当天，红军前往宿迁，准备配合那里的武装暴动。不料队伍行至黑塔西唐沟处，突遭泗县警备队、各区团练重兵围攻。红军利用唐沟地形与敌展开决战，一直激战至天黑，终因天降暴雨，泥水遍地，弹尽粮绝，队伍被打散。这场战斗，包括王子玉、魏正斌等领导人在内的100余人被俘，王亚箴腿部中弹受伤，被战友救出后隐蔽治疗。轰轰烈烈的农民暴动遭到了失败。

石梁河农民暴动历时5天，终因敌强我弱遭到失败。但这场由中国共产党地方组织发动和领导的农民暴动具有重要的历史意义，既沉重地打击了国民党泗县地方势力，也锻炼了革命干部和群众，同时也播下了革命的火种。

（三）沱西之战铸忠魂

1941年3月，二十七团二营驻扎在沱河东岸胡集，准备开辟沱西抗日根据地。泗五灵凤县县长吕振球和二营教导员王建棠带六连和区队渡过沱河打前锋，驻在河西的大董村。按照团部规定，凡过河西的人员晚12点钟前应返回河东。同时规定，部队出早操时应随身携带武器弹药、行李干粮等，以备随时战斗和转移。

3月14日早晨，六部队在大董村出早操时，日伪军300多人已在野外隐蔽设伏，先派伪军李成伍和小刀会成员数十人，前往引诱挑战。王建棠和吕振球未能查明情况，遂指挥部队投入战斗。由于情况不明，陷入敌人伏击圈。日伪军当即发起猛烈攻击，六连和区队见状，马上边还击边向沱河岸边撤退。是时，驻在河东胡集的营部得知情况，遂派副营长陆炎带领一个排和骑兵班过河接应，并组织部队在沱河上抢搭浮桥，以迅速过河增援。

正在激战之时，王建棠教导员决定，把六连先前在青阳镇战斗中俘虏来的50多名新兵，随自己和吕振球撤回胡集，其余60多名战士由连长桑英法带领掩护，边打边撤。日伪军紧追不舍，先开炮，后用机枪疯狂扫射。六连沿河岸撤到关嘴附近，占领高地进行狙击，打退日伪军多次进攻，打死打伤日伪军数十人。但敌人继续猛烈进攻，桑英法与60多名战士被日伪军围困在河畔臊狼窟处，背后是沱河，面前是敌人，只有背水决一死战。子弹打光了，就与敌人展开肉搏战。终因孤军作战，寡不敌众，桑英法及全连战士壮烈牺牲。

二营六连受挫的情况上报后，三师九旅旅长张爱萍当天赶到胡集，听取汇报，决定将二营调离。

3月19日，二十七团参谋长柯愈强带领一营三个连再次渡过沱西，继续执行开辟任务。由于思想麻痹，没有在晚上12点前返回沱东，结果在拂晓前又遭敌人袭击包围。除营长朱友超和一连连长尹俊武、一连政治指导员高绍堂带领一连八个班部分战士泅水渡河得救外，营部和二、三两个连80余人背水作战，全部壮烈牺牲。

（四）泗五灵凤育新知

1941年，抗日战争进入艰苦时期，侵华日军对淮北抗日根据地实行军事上“扫荡”、经济上封锁、文化上奴役的政策，妄图达到消灭抗日武装力量和摧毁抗日根据地的罪恶目的。为了粉碎日军的阴谋，争取沦陷区的青年，培养壮大抗日力量，中共淮北苏皖边区委、淮北苏皖边区行政公署决定兴办淮北、淮宝、泗南、泗五灵凤四所中学。

1941年冬天，泗五灵凤县政府和县参议会，根据淮北苏皖边区行政公署教育处的指示，开始筹建泗五灵凤中学。参加筹建工作的有县参议会参议长李梓云，参议员熊冰然、王耀东、吴仰之以及刘华光、陆家骥等人。筹备委员会会议在浍北钟阳集天主教堂召开，研究中学的校址、规模和招生对象等事宜。

为了扩大对沦陷区的影响，会议研究决定校址临时设在浍南皇墩庙小学旧址，以便于淮河两岸敌占区青年报名入学。学校校长由泗五灵凤县县长徐崇富兼任，参议长李梓云为教务负责人，参议员王耀东为事务主任。

县、区、乡政府广泛宣传党的教育方针、政策和办学宗旨，提高了广大青年的思想认识，前往报名入学人数日益增多，当年就招收到两个班，于1942年春节后开学。由于老师教得认真，加上刻苦学习，学生的文化知识水平提高很快，许多学生利用假日返乡机会宣传抗日。教师有时也走出学校，开展社会调研，扩大学校的影响。学校知名度越来越高，前往报名的青年也逐渐多起来。

皇墩庙北濒浍河，南接临淮关，东连五河县城，西临新马桥、蚌埠等敌占区。一面背水，三面临敌，虽然在吸纳沦陷区青年入学和扩大学校在沦陷区的影响方面有利，但学校的安全受到威胁。为了确保学校师生安全，泗五灵凤县政府研究决定，于1942年夏将学校迁往泗五灵凤县根据地天井湖北岸的弥陀寺。弥陀寺是明代建造的一座古寺，位于苏皖两省三县交界处，背依石龙山，面向天井湖，环境幽静，空气清新，是办学的好地方。学校搬迁到此后，因庙得名，故又称弥陀寺中学，并一直沿用下来。

泗五灵凤中学迁到弥陀寺以后，规模不断扩大。1942年暑假，招收新生150多人，编为两个班。1943年春，淮北区委将淮北中学部分师生转到泗五灵凤中学，加上招收的一部分新生，学校学生增加到250多人，共四个班，还在浍南陆家庙的分校开办一个班。此外，在天井的朱圩子、黑土地还设立文教班、干部培训班等，在朱圩子设置泗五灵凤县立中学附属小学，作为学生实习的场所。

当时，不仅周围小学毕业生前往报考，还有干部、战士被组织派到这所学校学习，宿县、灵璧、泗县、怀远、蒙城以及河南、上海等沦陷区一些进步青年也来此上学。到1944年底，在校学生已达400多人。学生不断增加，教室不够用，当地政府、群众和师生一起动手，和泥脱土坯、砌墙垛，建起了东偏房、前殿、西偏房，还用土坯支课桌，垒凳子，上课的桌凳就这样解决了。宿舍不够住，就白天作教室，晚上作卧室，一房两用，部分师生还分散住到附近陈吕庄、张姚庄的百姓家里。女生人数不多，在一间偏房内共睡一个大通铺。师生们一日三餐吃的是七分小秫秫面、三分小麦面，每天的菜金只有几分钱，没有餐厅，晴天吃饭在校园，雨天吃饭在教室。在这所“抗大”式的中学里，生活虽然比较艰苦，但人人以苦为乐，以苦为荣，处处呈现朝气蓬勃的景象。新中国成立后，黄辛白多次来此指导工作。

泗五灵凤中学从1941年冬创办，到1946年北撤时被迫解散，历时五年，培养了近千名有政治觉悟、有丰富文化知识、有工作能力的学生。他们毕业后，有的成为根据地的基层干部，有的成为中小学教师，有的参军入伍，为抗日战争、解放战争的胜利贡献力量。新中国成立后，他们又为社会主义建设事业作出了重要贡献，他们中的许多人成为新中国成立后党政军的领导干部。

四、红色文化之基地篇

（一）五河县博物馆

五河县博物馆是一座以展示五河古代历史、沿革变迁以及地域文化为主题的历史文化博物馆。展览强调融知识性、科普性、教育性、政治性为一体的展览模式。爱国主义思想诠释和红色文化精神谱系渗透，是博物馆建设的基本遵循。其中石梁河暴动和五河革命历史发展脉络，分层设计，以五河县不同革命时期涌现出的主要人物、主要事迹历史演进为主线，凸显红色主题，兼具浓厚地方特色和丰富历史文化内涵，成为展示五河、宣传五河的重要文化窗口。五河人走进这座博物馆，会产生一种强烈的家乡自豪感、心灵归属感以及情感深处的共鸣感，激发起五河人自古以来所禀赋的自强不息的奋斗精神。

实物展示是博物馆的灵魂，五河文物藏品数量虽然不多，但多是本地考古出土的，是本地文化最直观的表现，值得观众参观学习。作为红色文化窗口，五河县博物馆就像一位饱经沧桑的智者，默默关注着这片古老又神奇的土地上发生的故事，守候着这片红色热土的历史与文明。

（二）五河县烈士陵园

始建于1944年的五河县烈士陵园，位于申集镇于圩村，这里安葬着66名烈士，既有参加过抗日战争、解放战争的革命先辈，也有和平年代为了保护战友而光荣牺牲的英雄。如今的烈士陵园经过多次重建修葺，已成为爱国主义教育基地。

在烈士陵园里，有不少墓碑上并没有烈士的姓名，这些无名烈士大多是在沱西战斗中牺牲的。

1941年春天，新四军三师九旅二十七团二营驻守在胡集，准备开辟沱西抗日根据地。3月14日部队出早操时，被300多名日伪军伏击，为掩护50多名新编人员撤退，连长桑英法率领60多名战士浴血奋战，成功完成掩护任务，但最终因寡不敌众，全部壮烈牺牲。

为了纪念这些新四军战士，1944年秋，当地村民修建了于圩革命烈士陵园。但在解放战争时期，国民党军对陵园进行了破坏。1948年，人民解放军重返淮北解放区，重新修复陵园，但仅找回37具先烈遗骨。

新中国成立以后，于圩革命烈士陵园经多次整修。1996年，烈士陵园迎来一具烈士遗骨——济南军区战士仲米辉。1996年10月，五河县政府为在沱西战斗中英勇牺牲的烈士和仲米辉烈士设立纪念碑，于圩革命烈士陵园被命名为五河县爱国主义教育基地；2012年3月，被命名为市级爱国主义教育基地。

正是革命先烈们的浴血奋战，才造就如今强大的中国，历史不会忘记，人民更不会忘记。他们虽已不在，但英魂永存。

主要参考书目

1. 中共安徽省委党史研究室：《中国共产党安徽地方史》（第一卷），安徽人民出版社，2001年。

2. 中共蚌埠市委组织部、中共蚌埠市委党史办公室、蚌埠市档案馆编：《中国共产党安徽省蚌埠市组织史资料（1926.1～1987.11）》，安徽人民出版社，1995年。

3. 蚌埠市地方志编纂委员会编：《蚌埠市志》，方志出版社，1995年。

4. 中共固镇县委党史办公室编：《固镇革命史（1919—1949）》，安徽人民出版社，1991年。

5. 蚌埠市党性教育教材编委会组织编写：《红色故事——蚌埠市党性教育读本》，安徽人民出版社，2019年。

6. 蚌埠市史志办公室编：《红色蚌埠》，中共党史出版社、安徽美术出版社，2012年。

7. 中共蚌埠市委党史办公室编：《中共长淮特委》，安徽人民出版社，1991年。

8. 郭照东：《陈履真传》，江苏人民出版社，2017年。

9. 中共安徽省委组织部、中共安徽省委党史研究院编写：《红色安徽》，安徽人民出版社，2021年。

10. 中共五河县委党史研究室编：《中国共产党五河地方党史》，黄山书社，2010年。

11. 中共五河县委党史研究室编：《泗五灵凤风云录》，中国文史出版社，1996年。

后　记

在党史学习教育中，红色资源具有不可替代的独特功能，是不可再生的“活化石”。作为淮河流域的重要城市，蚌埠具有丰富的红色资源，有大量的革命遗址，涵盖革命、建设和改革开放各个时期。蚌埠市委、市政府十分重视对红色资源的挖掘利用，较早就明确了挖掘利用红色资源的工作思路。尤其是党的十八大以来，红色资源的挖掘利用工作取得较大进展，逐步形成以“烈士纪念设施”“文物保护单位”“爱国主义教育基地”“中共党史教育基地”“红色旅游”为依托，相辅相成开展党史学习教育的良好局面。蚌埠市打造了渡江战役总前委孙家圩子旧址、新四军淮上行署旧址、固镇淮北西大门抗战烈士陵园等重要红色资源品牌。为传承红色基因，赓续红色血脉，充分发挥红色资源的学习教育功能，为全市经济社会发展提供不竭精神动力，蚌埠红色文化研究中心在蚌埠联合马院的领导下，充分发挥相关专家学者的智慧，以项目研究为抓手，为挖掘利用地方红色文化资源贡献力量。

本书系安徽省大中小学思政课一体化共同体建设的阶段性成果，在蚌埠联合马院的指导下编写，得到了蚌埠市委党史和地方志研究室、蚌埠市革命历史陈列馆、蚌埠市博物馆以及县委、区委宣传部等相关部门的大力支持，在此一并感谢！感谢蚌埠学院党委书记陈国龙教授在百忙之中为本书作序。本书由蚌埠学院马克思主义学院组建的课题组具体编写，分工如下：蚌埠市区篇由欧阳庆云、张娇阳执笔，怀远篇由余建杰、魏雪梅、尚林晓、陈盼盼执笔，固镇篇由李万里、汪淼执笔，五河篇由胡业生、吴国莎执笔。全书由邬旭东、张斌、卓家武和余建杰统稿。本书在编写过程中，使用了大量文献资料，具体来源已在主要参考书目中列出。

由于水平有限，本书难免存在不足或疏漏之处，敬请各位读者批评指正，我们将继续完善。